古籍保护与修复技术研究

孙治国　著

吉林大学出版社

·长春·

图书在版编目（CIP）数据

古籍保护与修复技术研究 / 孙治国著 . -- 长春：
吉林大学出版社，2021.8
ISBN 978-7-5692-8728-8

Ⅰ.①古… Ⅱ.①孙… Ⅲ.①古籍—图书保护—研究
—中国②古籍—修复—研究—中国 Ⅳ.① G253.6

中国版本图书馆 CIP 数据核字 (2021) 第 172862 号

古籍保护与修复技术研究

作　　者：孙治国 著
策划编辑：陈　曦
责任编辑：米司琪
责任校对：王寒冰
装帧设计：邵咏梅
出版发行：吉林大学出版社
社　　址：长春市人民大街 4059 号
邮政编码：130021
发行电话：0431-89580028/29/21
网　'　址：http://www.jlup.com.cn
电子邮箱：jdcbs@jlu.edu.cn
印　　刷：菏泽英华彩印有限公司
开　　本：787mm × 1092mm　1/16
印　　张：12.5
字　　数：200千字
版　　次：2022年1月　第1版
印　　次：2022年1月　第1次
书　　号：ISBN 978-7-5692-8728-8
定　　价：58.00 元

前　言

　　古籍是中国文化遗产中的一份珍贵宝藏，在整个人类文化史上占有重要的地位，是我们研究中国社会面貌和生产、科学发展史的重要依据。对古籍的保护是使中华五千年文明延续的重要举措，是对中华文明精神的保护。然而由于各种原因，很多古籍未能得到良好的保护，其中许多都没有幸免。而留存下来的古籍，又很多面临着破损、氧化等危险，亟需抢救。

　　古籍除了记载文字之外，它最重要的意义就是承载了某一时期的历史，具有非常重要的文化地位。古籍是无法复制的，所以必须明确保护古籍的重要意义。

　　古籍保护与修复是指为减少古籍的老化与损毁，将古籍存放于适宜的保存环境，配备专业人员与设备设施，在此基础上结合科学方法去除和清理古籍上存在的不属于其本体的附着物，对于古籍缺失的部分按照专业的技术进行修补。从而最大程度地让古籍恢复到原本的状态，以供研究。古籍保护与修复是一个细致复杂的科学管理与工艺过程，其中包括环境管理、人员管理以及除污、脱酸、加固、字迹的显示与恢复以及修补托裱等技术手段。最终目的就是希望对古籍形成一定的修复和保护。

　　2007年，国务院办公厅发布了《关于进一步加强古籍保护工作的意见》，正式启动"中华古籍保护计划"。这一计划和之前的相关研究有所区别，是在全国范围内开展的古籍抢救工程，重点开展古籍普查、保护、修复，以及古籍保护人才培养工作。鉴于古籍保护现状，国家古籍保护中心面向全国古籍收藏单位，大力开展古籍普查、鉴定、修复、保护、传拓等专业培训工作，近年来举办培训班超过130期，培训专业人员超过7000人次，培养了大量古籍保护从业者，也为这一行业注入了新鲜的血液。目前我国在古籍保护方面对人才仍有很大需求，这一计划正从根本上扭转这一局势，使得古籍保护进入到一个较为良性的状态中。尽管目前已小有成绩，但从长远角度看，未来需要更多有更高水平的从业人员，这是今后一个时期的重要工作。在人才培养的过程中，最为重要的是体制的建立，这就需要在前期做好准备工作，将古籍保护相关内容纳入高校的课程体系中，从青年一代培养未来古籍保护的接班人，解决古籍保护技术后继无人的难题。

　　本书适用于广大从事古籍保护与修护专业的人员及学者学习、参考。由于本书涉及的内容较多、范围较广，在写作过程中难免存在不足，恳请广大读者提出宝贵意见，以便修正。

作　者

2021 年 5 月 17 日

目　录

第一章　中国古籍概况 ……………………………………………… 1

　　第一节　古籍概述 …………………………………………… 1

　　第二节　古籍种类 …………………………………………… 8

　　第三节　古籍现状普查 …………………………………… 12

　　第四节　古籍版本鉴定 …………………………………… 16

第二章　古籍损坏的原因和症状 ……………………………… 22

　　第一节　理化因素 ………………………………………… 22

　　第二节　微生物因素 ……………………………………… 26

　　第三节　生物因素 ………………………………………… 28

　　第四节　人为因素 ………………………………………… 30

第三章　古籍载体的耐久性及保护路径 …………………… 32

　　第一节　古籍载体的损坏 ………………………………… 32

　　第二节　古籍书写材料的耐久性 ……………………… 36

　　第三节　纸张的耐久性 …………………………………… 41

　　第四节　影响古籍载体寿命的外界因素 …………… 49

第四章　保护古籍的基本策略 ………………………………… 52

　　第一节　文献保护的内涵 ………………………………… 52

　　第二节　古籍保护的基本方针与策略 ……………… 55

　　第三节　古籍装具特点与要求 ………………………… 58

第五章 古籍修复的技术操作 ……………………………………… 72

第一节 古籍修复的材料 ……………………………………………72

第二节 古籍修复的工具 ……………………………………………87

第三节 古籍修复的设备 ……………………………………………90

第四节 古籍修复技术操作的基本程序 ……………………………92

第六章 古籍的修复 ………………………………………………… 96

第一节 古籍书页的修复 ……………………………………………96

第二节 善本、珍本古籍的修复 …………………………………… 129

第三节 特殊装帧古籍的修复 ……………………………………… 136

第四节 出土古籍的修复 …………………………………………… 145

第七章 古籍保护与修复体系构建 ………………………………… 150

第一节 古籍保护与修复保障体系规划 …………………………… 150

第二节 古籍保护与修复的方案及策略 …………………………… 158

第三节 古籍保护与修复专业人才的培养和科学研究 …………… 166

第四节 古籍保护与修复工作环境管理 …………………………… 173

第五节 古籍保护与修复的工作制度规范建设 …………………… 187

参考文献 …………………………………………………………… 193

第一章　中国古籍概况

第一节　古籍概述

中华民族有着悠久的历史和灿烂的文化，它创造了伟大的古代文明，并为子孙后代留下了宝贵的文化遗产，其中包括许多古籍。古籍不仅是人类文明的历史记录，更是文明的历史象征。

一、古籍定义

在古籍、古书、旧书这三个称呼中，古书、旧书是宽泛的、约定俗成的说法，而古籍是专业名词，有特定的含义。"古籍"指研究中国古代文化的书籍，为古书册的习惯称谓，通常在装帧风格上较为古典。写本和印本都可成为古籍。《中国大百科全书图书馆学、情报学、档案学》将古籍范围确定为周秦时代到1911年期间成书的图书。而《图书馆古籍编目》除了将这一时期的图书列入古籍范围内，还将这一时期的各种附刻本、拓本等也囊括其中。从这一范围而言，古籍不仅仅是古书本身，还包括在这些书创作过程中形成的其他的以文字形式表现的书籍以及文献。

黄永年在《古籍整理概论》中提出春秋末战国时编定撰写的相关文献是古籍的最早记录，清代末年为最后的时间节点。[①]2006年8月国家文化部发布了《古籍定级标准》，关于"古籍"给出了更为明确的定义：中国古代书籍的简称，主要指书写或印刷于1912年以前具有中国古典装帧形式的书籍。我国的古籍多采用汉文书写，此外还有藏、蒙、满、彝、傣、

---

① 黄永年.古籍整理概论［M］.上海：上海书店出版社，2001.

回鹘、西夏、契丹等二十余种民族文字，这些也属于中国古籍，而通常所谓古籍整理仅限于汉文古籍。中国古籍不仅涵盖了 1911 年以前中国人的著作，也包括了外国人在中国所写的著作。李一氓在少数民族古籍整理出版规划工作座谈会上指出：古籍，尤其少数民族古籍，不仅包含印刷品和文字内容，口头文化的整理也是古籍的一部分，如土家族的《摆手歌》、瑶族的《密洛陀》、哈尼族的《造天造地造万物》等。但对古籍的整理作品不是古籍。

通过以上文字，可以把"古籍"定义为：① 1911 年以前所著的图书。② 1911 年以后所著，但是内容涉及古代文化的图书。③用少数民族文字书写的古籍等文献。④外国人在古代中国撰写的著译。

关于我国的外文古籍，据统计，国家图书馆外文图书收藏量约为 341 万册，南京图书馆收藏外文图书约有 64 万册。以南京图书馆为例，收藏了大量 1800 年以后出版的外文文献，其中有关佛教方面的古籍，如 1879 年 Edikins Joseph 所著的《中国人佛教》（*Chinese Buddhism*）；关于人物传记方面的，如 1875 年 Legge James 所著的《孟子的生平及其著作》（*The Life and Works of Mencius*）；关于游记方面的，如 1804 年 Barrow John 所著的《北京及其他地区的旅行》（*Travels in China Peking to Canton*），1863 年 Knight Captain 所著的《克什米尔和西藏的徒步旅行记》（*Diary of Pedestrian in Cashmere and Tibet*）。

二、古籍结构

古籍的结构和现代书籍有所区别，除了常见的单页版式之外，还有外部结构和内部结构等，下面就这三种结构分别解释。

（一）古籍的单页版式

单页版式结构包括版框、界行、书口、鱼尾、象鼻、天头、地脚、书耳等（图 1-1）。

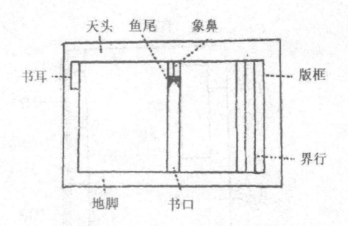

图 1-1 古籍的单页版式结构

（1）版框。版框也叫边栏，指的是单页周围环绕一圈的线。版框可以从两方面进行分类。第一，根据栏线的数量，可以将其分为四周单边、左右双边、四周双边等。第二，根据栏线上边的图案，可以分为字栏、竹节栏以及博古栏等等。

（2）界行。顾名思义界行就是行与行之间的分界。界行和栏线有朱、墨两种颜色，红栏为朱丝栏，黑栏为乌丝栏。

（3）书口。书口也被称为版口，大多数的书口设置在每一页的正中间。通常用来记录书名等文字。

（4）地脚。地脚指下栏以外的空白。

（5）书耳。书耳也叫作耳子。是版框外边靠上部分的空格，用来书写篇名等。

（6）天头。天头也叫书眉，指上栏以外的空白处。

（7）鱼尾。鱼尾指书口全长四分之一处的鱼尾形标志。以数量划分，可分为单、双、三鱼尾。以方向分，可分为对鱼尾、顺鱼尾。以虚实分，可分为白鱼尾、黑鱼尾、线鱼尾，花鱼尾等。

（8）象鼻。象鼻是连接鱼尾与版框的一条线。粗线叫大黑口，细线叫小黑口。没有象鼻的则被称为白口。

（二）古籍的外部结构

古籍的外部结构包括书首、书脊、书脑、书根、书衣、书签等（图1-2）。

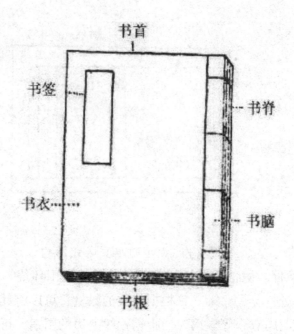

图 1-2 古籍的外部结构

（1）书首。也叫书头，指书的上端。

（2）书脊。也叫书背，指装订处的侧面。

（3）书脑。装订时，锥眼订线的地方。

（4）书根，为书的下端。由于古书通常不是竖立摆放的，大多数平着放。所以为了方便查阅，通常在书根上写上书名及册次。

（5）书衣。书衣或叫书皮，顾名思义就是包裹在书的最外边的一层，用来保护古书不受损坏。

（6）书签。书签指贴在书衣左上方的一个长方形纸条或丝条。方便标记阅读进度，值得注意的是，书签作为古书的一部分，通常会请名家或者有威望的长辈题字。

除上述主要外部结构外，还含有一些其他的特殊结构，如书名页、副页、包角、衬纸、金镶玉、书帙、书套、木匣、夹板、高广、书品。

书名页，指书衣之后题有书名的一页。

副页，也叫扉页，是书衣和书名页之间没有题字的空白部分，主要用来保护古书。

包角，指用细绢所包订线一侧上下之角。起到美观的作用。

衬纸，指当修补旧书时，在书页内所加的白纸。

若书品太小，不便于剪裁时，通常会在书页之内放置一张白纸，为金镶玉。

书帙，指古书的包装层，在古时候大多采用竹帘包裹。

书套，指保护古籍的外套，以草板纸为里、外敷蓝布制成。大多数的北方地区会使用书套。书套主要有两种：四合套、六合套。仅前后左右包四面的书套叫四合套；前后左右上下六面全包的，叫六合套。

木匣，用于存放古书的容器，通常情况下存放的是非常珍贵的文献。由于材质因素，木匣比书套更为结实。

夹板，指夹在图书上下的两块木板。

高广为书页的高度和宽度。书写时，一般高度在前，宽度在后，以cm为计算单位。

书品，一般有两层意义：一是指书籍大小，比如书有较大尺寸，我们会说书品大；二是指书籍保存的完好程度，比如损毁严重的书，我们会说书品不好。

（三）古籍内部结构

古籍内部结构，包含内封、序、目录、凡例、正文、跋、卷首、卷末、附录、外集、笺、注、疏、大题、小题、牌记、墨钉、墨围、阴文、白文、行款、藏章、帮手等。

序为正式写作前对书的介绍，主要包括写作原因和写作目的等。

目录指正文之前的篇章名目。

跋为评价正文内容或叙述版刻经过，多是校刻人或读书人撰写。

凡例为全书编制体例的说明文字。

卷首为正文之前独立成卷的文字部分，内容多为圣谕或者是先人留下的主要文献，或者是编著者的生平事迹。把圣谕放在卷首，表示对编著者的赞扬，是一种至高无上的荣誉。把先人的相关文献放在卷首，表示对先人的尊敬，意味着孝顺。把著者生平事迹放在卷首，可以让读者了解编著者的生平、性格以及古书的写作意图。

卷末，在正文后独立成卷的内容，为后人文字著述、著者生平资料、同辈赠赋。或者是与正文有关的内容，是对全书所做的一个补充。在正文之后附上他人的作品，为"附骥而行"。如后辈著述附后的有明代李昱《草阁集》末附其子李辕《筠谷集》一卷，清代沈翼机《澹初诗稿》末附其子沈廷荐《见山堂诗抄》一卷。同辈著述附后的有元代丁鹤年《丁鹤年集》末附其长兄诗九首、次兄诗三首、表兄诗五首。同辈、晚辈著述文字同时附后的如宋代罗愿《鄂州集》末附其兄罗颂、其弟罗顾、其侄罗似臣之文。长辈著述附后的有宋黄庭坚《山谷集》末附其父的《伐檀集》。卷末附著者生平资料的如宋代穆修《穆参军集》卷末附录穆修遗事一卷。同辈赠赋的如明代谈修《惠山古今考》卷末有赋赠之作三卷。卷末附录有关正文内容的如清代喻昌《医门法律》卷末附录《寓意草》四卷，记录其临床所见的各种病例。

附录指正文之后的附加部分。

外集为正集之外的部分，其内容包括：儒家别集外的佛理作品；与内集不同的文集和不同内容的作品；补遗之作。

卷端为每卷正文前两三行。是对书的其他信息所做的简单概述，如作者、刻版等等。

小题指篇名，大题指书名。

牌记与现在的版权页类似，常常镌有书名、作者、刊刻年代等，为刻书者用以宣传刻书情况的特殊标识。

墨钉指正文中表示阙文的墨色方块，如"■"。

墨围主要指为了强调"注""疏"等有关字眼，在其四周围上墨线。

阴文为笔画凹下的字。

白文为只有正文、不含注疏的本子。

行款指书页版面的行数和字数。

藏章，也叫藏书印。是古籍在辗转流传中被后人钤的印。

三、古籍善本

古籍善本，包含"古籍""善本"两层意思，主要指版本好、完善的古籍。善本的时代下限，一般定在清乾隆六十年（1795 年）。清末学者、洋务运动的发起者之一张之洞在《輶轩语·语学·论读书宜求善本》一文中提出善本的含义有三点：一是"足本"。也就是无缺残，内容完整的意思。

二是"精本"，也就是精编的版本。三是"旧本"，指旧时的复刻版本。①同一时期的另一位学者丁丙对此有不同的见解，他提出了善本的衡量。评价标准的四个标准：精本、旧本、旧抄、旧校。《中国古籍善本书目》对善本做了详细的规范，可归纳为"三性""九条"，可在全国图书馆推行善本标准统一化。

四、古籍用纸

《后汉书》记录了东汉蔡伦用多种原料发明了植物纤维纸，即"蔡侯纸"。随着考古工作不断推进，人们在新疆罗布淖尔汉代烽燧亭故址、西安市郊灞桥古墓等却发现了比记载中更为原始的麻质纤维古纸。古籍的用纸品种很多，如麻纸、罗纹纸、棉纸、竹纸、开化纸、连史纸、宣纸、毛边纸、太史连纸、硬黄纸。不同朝代，不同地区，纸类也不同。

麻纸以大麻、麻布为制作原料，根据颜色可以分成黄、白两种。由于纸质薄，纤维长，所以被广泛运用到书画中。黄麻纸色略黄，稍粗糙。白麻纸洁白光滑，背面比正面粗糙。根据不同时期文人墨客的绘画写作风格与内容上的变化，黄麻纸和白麻纸在不同时期有不同的应用。宋刻本多用白麻纸，元后期多用黄麻纸。

罗纹纸质地柔软，纹路清晰可见，就像丝绸一般。

棉纸又称皮纸，分黑、白两种。白棉纸色白，质地细柔，纤维多，韧性强。黑棉纸色黄黑，韧性稍差，明代前期多用。

竹纸取自竹与草茎，色微黄，稍脆，宋元至明初间有使用，明代嘉靖朝后较普遍。

开化纸细腻、洁白，同时又有薄而韧性强，柔软的特点，所以在清内府刻本及扬州诗局刻书多使用。

连史纸洁白纯净，正面光滑，背面稍粗糙，纸料较细，乾隆朝后使用较多。

宣纸因为产地为安徽宣城而得名。纸薄而质地细，色洁白，绵软有弹性，能吸水，晚清、民国时期用于印金石、书画册、摹拓铜器、碑刻等。

---

① 张之洞.輶轩语详注［M］.司马朝军，译.上海：华东师范大学出版社，2010.

毛边纸米黄色，正面光滑，背面稍粗，质脆，乾隆朝后用得较多。

太史连纸稍黄，质地细洁而有韧性。乾隆朝后使用较多。

硬黄纸属于桑皮纸，一面浅黄，另一面深黄。由于采用了蜡进行涂色，所以比其他的纸都要厚，同时因为有了涂层，保存的时间也更为长久。在唐代已经得到普遍的使用，宋代之后使用更加广泛。

第二节　古籍种类

一、中国现存最古老的书籍——龟册

目前甲骨文被认为是发掘出的中国最古老的文字。出土于河南的甲骨文龟册便是以实物形式给人进行考究的最关键证据。根据考古发现，甲骨文龟册形成于三千多年前的中国，也就是殷商时期。尽管文字被记录在了龟壳之上，和传统的书籍有所不同，但我们仍将其看作是中国现存的最为古老的书。甲骨文龟册是一种在龟甲上通过篆刻文字得以保存的书籍。最早出现在殷商时期，因此甲骨文上的文字也被称为"殷墟书契""卜辞"。甲骨文形成初期并不是用来记录历史、篆刻文字的，而是用于给皇室贵族占卜凶吉。随着社会的发展，才慢慢地流传到了平民百姓的生活中，甲骨文龟册一直到清朝才被当时的人们发现。

随着历史的推移，殷商时代结束后，武王建立了周朝，因此甲骨文在周朝广为流传。在陕西一带曾经出土过西周时期的甲骨文文物，数量还十分庞大，大概有一万五千多件。其中有很多依稀可见被凿的小洞，并有"典册"字样。可以推测这正是当时用甲骨装订成册的书籍。

二、金文和石刻

殷商、西周时代，除了甲骨龟册，还有金文和石刻。

金文又称"钟鼎文"，就是铸刻在青铜器上的铭文。在殷商时期，金文的字体其实和甲骨文并没有太大的差异，从这一点也可以看出甲骨文确实形成于殷商早期。西周时代的金文字体变得弯弯曲曲，在文字学上称"籀文"或"大篆"。现在发现的铸有金文的青铜器，已有一万多件，多属有

关祀典、锡命、征伐、盟契的记事，是研究古代历史的重要文献。

石刻就是雕刻在石头上的文字。据史书记载，从夏朝开始，就已经有比较正统的利用石刻来记录帝王功绩等的记录。春秋时期的管仲曾经在五岳之首的泰山看到过七十二种刻石。由于泰山是古代君王祭祀的地方，所以这一记载的可信度非常高。可惜的是，尽管有文字记载，但是这些石刻现在已经无处寻觅了。

西周以后，铸刻金文和镂石铭功的风气依然盛行。青铜铭文一直延续到西汉，同时在西汉还出现了更多元化的一些发展。石刻则延续到近代未衰。

初期的金文和石刻，字数很少，而且多系单件，似不能把它们看作是古籍。后来金文、石刻的字数渐多，西周晚期出现了篇幅很长的记事金文，著名的如毛公鼎，字数多达 497 个。春秋晚期，郑国和晋国都铸过"刑鼎"，上面刻有系统的法律条文。又如著名的石鼓文，是由十块石鼓刻成的，内容为记述秦国国君的游猎活动，文字前后连续。这些金文、石刻，实质上是一种没有装订的古籍。至于汉代的"熹平石经"，共有石碑 46 块，上面刻有《诗经》《尚书》《周易》《春秋》《仪礼》《论语》等儒家经典，这简直是一部规模宏大的石头丛书了。

三、用玉片、石片做的古籍——侯马盟书

根据历史记载，能够发现金文、石刻从春秋时期开始盛行。这一时期，同样盛行的还有一种古籍，是用玉石制作而成的。目前能够用以考究的最早的实物，就是 1965 年在山西出土的玉片文物。这部用玉片、石头所记载的内容是春秋战国时期各诸侯国或卿大夫之间订盟誓约的言词，因此，在历史上被称为"侯马盟书"。

侯马盟书的数量很大，包括碎片、断片共五千多件，其中三分之二为玉片，三分之一为石片。玉片、石片绝大多数呈圭形，大小不一。大者约为 32cm×4cm，小者约为 18cm×2cm。厚薄不到 1cm，最精巧的薄如纸片。这些玉片、石片上多写有朱红色的文字，也有少量黑色的字迹，现在可以辨认的有六百多件。从这批可以辨识的玉片、石片所记载的文字看，侯马盟书的主持人是晋国的大臣赵鞅，他是晋国统治阶级中的改革派，为了同旧贵族的联合势力进行斗争，他同赵氏家族共同对天立下盟誓，要求赵氏

家族加强团结、共同对敌。盟誓中还规定，奴隶在对敌战争中创立军功的，可以获得解放。这部用玉片、石片做成的古籍，不仅对古代历史的研究具有非常重要的价值，同时，它也是我国古代图书发展史上的珍贵文物。

四、用竹简、木简做的古籍——简策

无论甲骨文还是金文、石刻，制作都很困难，阅读也不方便。于是人们就把竹子和木头削制成一小片、一小片的长条，用它来写字记事，这种新的书写材料叫作"竹简""木简"。写好字的竹简、木简可以用皮索或麻绳、青丝编联起来，这就叫"简策"或"简册"。也就是竹、木做的书籍。简策的历史也很久远，《礼记·王制》有"大史典礼，执简记"；《诗经·小雅·出车》有"岂不怀归，畏此简书"。这都表明至少在西周，简策已经相当流行了。

五、用丝织品做的古籍——帛书

在简策流行的同时，还有其他形式的古籍，即用丝织品作为写作材料，这就是帛书。而丝织品凭借其轻薄、容易保存的特点，更是取代了竹简、木简，成为了风靡一时的书写材料。帛书究竟起源于什么时候，从现有的史书中没有找到答案。通过古代文人墨客笔下的记录，大概可以推断最晚在春秋时期，帛书已经初具规模。

六、纸张的发明和写本书

我国是世界上最早通过植物纤维造纸的国家。造纸术和指南针、火药、印刷术同为我国古代四大发明。

造纸术的出现改变了中国历史的发展进程，是中国乃至世界文化发展中极为重要的里程碑式的存在。它从本质上改变了人们的书写习惯，纸张成为当时最适宜的书写原料。无论是竹简还是木料，还是后来风靡一时的丝，归根结底都不能作为一种平民的书写工具。纸张却打破了这一弊端，重塑了书写的新材料，为我们国家的文化发展做出了巨大的贡献。

关于造纸术的发明者，至今都没有一个准确的定论。比较受人认可的是：造纸术是由东汉的一名宦官蔡伦所发明的。《后汉书·蔡伦传》中提道："自古书契多编以竹简，其用缣帛者谓之为纸。缣贵而简重，并不便于人，伦乃造意，用树肤、麻头及敝布、渔网以为纸。元兴元年（公元105年）奏上之，帝善其能，自是莫不从用焉。故天下咸称'蔡侯纸'。"尽管正

史这么记载，但从一些出土文物中看出，在蔡伦之前我国已经有人用植物纤维造纸了。

《汉书·外戚传》有用以包裹药丸的"赫蹏"的记载，应劭在注中说"赫蹏"就是薄纸。但那时的造纸技术还制作不出这样的薄纸。所谓"赫蹏"实际是一种丝棉纸。它是打制丝棉时留在竹席上的一层形如纸张的薄纤维，这种丝棉纸的制作方法与植物纤维纸相似，但它本身不能算是纸张。

1933 年，考古学家在新疆发现汉宣帝时的麻制纸张，可惜实物毁于抗日战火，无法做进一步的考证。1957 年，西安灞桥出土了汉武帝时的麻纸。经化验，认定是用麻类纤维制造的纸张，近年也有人认为这是麻类织物压成的薄片。但 1978 年又在陕西扶风发现汉宣帝时用麻类纤维制造的麻纸，这种纸质地粗糙，与麻类织物全然不同。与此同时，考古学家还发现蔡伦生活年代以前的东汉麻纸，上面写有隶体字，纸的质地比西汉时代的古纸精细。这些实物的发现，证明早在蔡伦以前，我国劳动人民就已拥有用植物纤维造纸的技术了。

七、印刷术的发明和印本书

人类文明发展初期对于文字的需求并不是很大，所以人类早期对于纸张的需求也比较小。随着社会不断进步，越来越多的人对书籍产生了无限向往。对书籍纸张的需求很大程度上促进了纸张的发展。随着这一需求不断扩大，单凭人手写已经无法满足当时的社会发展，同时在这个过程中耗费的各项成本，普通人无法承担。于是聪明勤劳的劳动人民又凭借着机敏的大脑发明了中国历史上的又一项新技术——印刷术。

早期的印刷术原理十分简单，就是将文字、图画雕制成印版，然后用水墨刷印到纸上。看似简单的举动，背后却推动了整个造纸行业的发展，促使人们对于文化的追求达到了空前繁荣的局面。

当然，这种印刷术借鉴了先人的一些技术。在制作时就用到先秦时期的印章等技术。这些方法直到今天，在生活中依然随处可见。

第三节 古籍现状普查

古籍普查工作十分必要。现如今，古籍的流失现象十分严重，古籍的保存和管理的条件亟待改进。因此，必须深入普查工作一线，把古籍按照不同的门类进行划分，从而更加便于阅读者学习使用。古籍普查需要做到：1. 对古籍的基本信息要了解到位。2. 对古籍保存程度，以及破损的相关情况也要了解全面。对古籍进行普查，不仅能够实现对古籍的保护，在一定程度上也是对于这些书籍的作者年代以及书目版本等有更为清晰的认知，方便后人的研究与学习。可以说古籍普查工作比古籍编撰更为严格、工程量更大。现在很多博物馆已经开展系列工作，对馆藏古籍进行普查，尽管这一过程可能会耗费大量成本，但是对于中国古文化的研究工作来说意义重大。如通过古籍普查，发现地方院校山东省济宁学院图书馆保存了千册以上古籍，其中《齐民要术》《杜诗详注》《戴氏遗书》等 10 部古籍入选了山东省珍贵古籍名录。其馆藏古籍文献版本贯穿明、清两个朝代，构成了一定规模的藏书体系，具有重要的文献资料价值、版本价值与艺术欣赏价值。

一、普查方法与平台

一些古籍普查平台可以帮助人们实现对各古籍收藏单位所录入古籍的题名、著者、版本、分类、版式等基本信息的查阅，对于古籍爱好者或者学习研究者来说十分便利。借助普查平台信息检索功能，对古籍善本数量和分类数据进行统计，将其划分为四个等级，一至三级为善本。古籍文献类型、版本、批校题跋等为基础数据，通过对已有数据的分析才能得到的，但在普查平台界面不直接显示的古籍信息为潜在数据。潜在数据揭示了古籍版本年代、特色收藏（如馆藏版本年代特色、版本刊印特色、文献种类特色、地方文献特色、名家名人收藏等）、古籍保存状况、馆藏多样性等内容。在古籍普查的烦琐工作中，版本的确定至关重要。现代网络信息技术为古籍版本鉴定提供了新思路。目前较为权威的查询系统包括：国家图书馆联机公共目录查询系统、高校古文献资源库、四库系列丛书综合数据库、中国古籍善本书目联合导航系统等等。

版本著录是古籍普查登记工作的核心内容。在进行版本的确认时还需要注意初刻本、原刻本、翻刻本与重刻本，仿刻、影刻、覆刻以及初印本与后印本的区别。在著录时尤其要注意：新旧版本中关于年代的承接有没有做到自然通俗、翻刻的版本有没有做到精准无误、刻版者与藏版者应注意分辨考证、结合避讳字辨别版本应明确细致说明、多色套印本古籍著录应详细具体描述等。除此之外，古籍编目对于古籍普查也是十分重要的一个环节。可以说古籍普查就是在古籍编目完成之后才得以开展的。编目中题名选取应与题名著录、古籍卷数著录、作者及相关依据著录、版本及判定依据著录、丛书零种及其他刻本著录、古籍批点、钤印、书影著录等密切相关。目前，古籍编目工作中存在题名著录错误、责任者著录错误、版本著录错误、著者时代著录错误、合刻合印之书遗漏品种等问题。因此，徐淑秋和郭晓丹提出古籍编目人才在古籍普查中是至关重要的、为第一位的，必须具备高尚的思想道德、渊博的文化知识、娴熟的专业技能、较强的古籍分类能力。[①]

足本是指保存较为完整的古籍。残本与足本相反，指的是保存不够完整，有缺损的古籍。在古籍普查时发现，有些残本不太严重，经过专业人员的修补，仍然可以使用；残缺过多的残本可能就只能保存下来，或者是搭配其他足本使用了。在古籍普查过程中，大量积存残本问题亟需解决。古籍残本最好的解决办法是通过古籍交换平台交换解决，即复本之间的交换和残本之间的交换。在古籍普查中还需要注意的是，对于有破损或者有残缺的古籍，需要按照残缺程度予以进行科学的分类，而不是笼统地只作为残本处理。比如可以求根据破损的件数、类型、程度、量化指标等定级标准，从而确定破损级别，有利于古籍修复和保护，且修复编辑时应使用繁体字。

利用大规模的古籍普查契机，部分基础薄弱的图书馆开始筹建古籍室。而建立古籍室面临古籍整理工作繁重紧迫、现有古籍工作人员经验不足、

---

① 徐淑秋，郭晓丹．从古籍普查工作看编目人员的素质建设 [J]．图书馆学刊，2013（12）：24-26.

古籍室配套设施与经费不到位等问题。解决方法有：加大对古籍室的帮扶力度、重视古籍室的建设与普查工作，古籍工作人员应努力提高自身专业素养与实践能力。古籍普查的同时也提高了行业从业者的文化素质。如在古籍普查登记中以创新的方式聘用素质高、可塑性强、接受新知识快的在校大学生、研究生与古籍部工作人员共同组建普查团队。

自古籍普查工作开展以来，古籍保护发生了新的转变。古籍保护网站的广泛建立，使得原来比较闭塞的古籍文化朝着多元化的方向发展。越来越多的年轻人受到古籍文化的触动，对古籍文化产生了浓厚的兴趣，也加速了对相关人才的培养，促进了人员交流。古籍修复经传统技术与现代科技的结合，促进了古籍保护的科学化与规范化，提高了古籍修复水平。利用现代化的互联网系统，不仅促进了各地图书馆的交流，同时也节省了很多硬件上的成本，使越来越多的百姓走进古籍文化。

二、古籍普查现状

古籍普查可以帮助发现当前古籍的研究盲区，如时代界限不明确，著名学者和藏书家的概念模糊，"珍贵"的概念没有明确说明，标准定得过低或审核不严等，导致申报国家珍贵古籍名录受到影响。此外，在普查工作中，李正辉发现《中国丛书综录》《中国古籍善本书目》《国家珍贵古籍名录图录》等存在卷数、版本、工具书、分类、著者等问题。以辽宁地区古籍数据库为例，娄明辉指出数据库建设中存在准确性不高、种类单一、开放程度不高等问题。[①] 因此，在古籍普查中也可以顺势建立起相关的现代化数据库。如编制古籍总目、建设专题数据库、深层次开发与利用文献。

古籍普查登记并不是某一地区或某一个图书馆的工作，需要全国从业者共同行动。在实际普查工作中，也存在着很多问题，比如对于中小型图书馆而言，没有专门的经费从事这一研究，同时人手不足、没有配备古籍专职人员、书卡不符、排架混乱、古籍无分类、目录不完备、无现代化设备及技术人员、古籍修复工作停滞、古籍开发利用为空白等问题都阻碍了古籍普查的进度。中国古籍保护协会对 2007~2013 年的古籍进行了综合评析，仍然发现不少问题：古籍管理混乱、保护措施不完善、普查人才缺乏、

---

① 娄明辉.《东华录》版本述略［J］.图书馆界，2011（01）：49-50+74.

古籍修复缓慢或停滞、普查硬件配备不全、缺乏专项经费等。除了以上提到的之外，人员的素质、业务技能和职业品德问题；普查平台中分类、索书号和著录的相关问题；著者朝代描述问题；定级问题等，亟须解决。

三、古籍普查常见问题与对策

关于古籍普查出现的问题与对策的研究成果有很多。如古籍责任者姓名：除个别以字号、别称著录外，一般均以作者的真实姓名著录；但在实际操作中，很多时候古籍普查往往不会只经过一人之手，所以除了写清楚责任者信息之外，对于之后的责任者信息也要加以记录。关于古籍卷数也应该有一定的标准，比如当一部书存在多卷时，按一卷计算，卷中卷不重复计算。关于古籍定损：一部书往往由很多册组成，当其中多册均存在破损时，要判定破损的程度并且分级，而对于没有破损的图书，也要进行记录。关于零散的古籍：要理清整套书的脉络，分卷逐册细致登记，也可利用各种工具书考证信息，以保证全面、准确。

古籍普查中目前所使用的主要分类法有四部分类法、五部分类法、中图法、自创分类法。四部分类法为按经、史、子、集四部分类。五部分类法是在四部分类的基础上，增加了"类书和丛书"。

图书馆现存古籍存在的主要问题有：古籍纸叶发黄发脆老化酸化、霉烂、虫蚀；书库无恒温恒湿设备，古籍全部裸陈于普通书架之上，无防火防蛀防腐等设施和措施；缺乏古籍专业人才，古籍人员年龄结构不合理等。以河南农业大学图书馆馆藏特点为例，对1912年以前书写或印刷的以中国古典装帧形式存在的书籍进行一次摸底普查登记。在普查登记中发现古籍保护专项资金匮乏、古籍保存收藏条件不达标、古籍修复工作无法进行。针对图书馆古籍普查问题，要专门设置古籍保护建设基金，提高古籍人才队伍专业素质。加强管理和科学指导，建立联席会议制度，改善古籍保护条件，加快古籍数字化，宣传古籍保护知识。

第四节 古籍版本鉴定

一、古籍版本

《说文解字》释"版"："判也，从片，反声。""版""板"二字为古今字。"版"字作为图籍，始于先秦。《说文解字》释"本"："木下曰本，从木，一在其下。"说明"本"是树根，引申为根基、原始、本原。"本"为书籍的意思，始于刘向《别录》。"版本"与"写本"不同，"版本"二字连用始于宋代，当时单指刻本。元明以后，随雕版印刷术的发展和图书制作的复杂化，"版本"含义逐渐扩大，成为各本子的统称。除刻本外，还包含写本、活字本、套印本、插图本、石印本等。

二、古籍版本分类

关于古籍版本的分类有多种划分依据，从总体上可以将其划分为两种，即抄写本、刻印本。抄写本是人工抄写的图书，刻印本为采用雕版印刷或活字印刷的图书。

1. 按照写刻的不同情形分类。按照写刻的不同情形，可分为写本、影写本、石印本、精抄本、稿本、彩绘本、批校本、原刻本、重刻本、精刻本、修补本、递修本、配本、百衲本、邋遢本、活字本、套印本、巾箱本、袖珍本、两截本、抄本、铅印本等。

（1）写本：为早期的古籍，依赖于抄写流传后世，雕版印刷术普及后，有读书人以抄写古籍为课业，因此，传世古籍中有相当数量的抄写本。宋代以前，写本与抄本、稿本无较大区别，但宋元以后，写本专指抄写工整的图书，如明代的《永乐大典》、清代的《四库全书》。

（2）影写本：或叫影抄本。明清时期，藏书家为保存罕见的宋元版书原貌，雇请抄手，用优良纸墨，照样影摹，版式、字体与原本接近。其中以汲古阁毛氏影宋抄本最为著名。

（3）抄本：是由人工抄写的古籍。其中抄写精美、字体工整的为精抄本。如敦煌自晋至宋的抄写经卷中，大部分书法精美。

（4）稿本：是已写定但尚未刊印的书稿。由作者亲笔书写的为手稿本，由书手抄写、经著者修改校定的为清稿本。稿本因其多未付梓，故受人重视，尤其是名家手稿及史料价值较高的稿本，为藏书家珍爱。稿本名目较多，依据形成过程可分为初稿、修改稿与定稿三种。

（5）彩绘本：是两种及以上颜色绘写的图书。多用于插图或地图较多的图书，如民间流传的《推背图》。

（6）批校本：有些传世古籍经历代学者、藏家阅览，会留下其批语、校记，述及书的内容、版刻时代和流传情形。这不仅对考辨版本有重要作用，也提升了史料价值和市场价格。

（7）原刻本：初次刻印的图书。原刻本是针对重刻、翻刻的。一般说来，原刻本内容与形式更接近原稿，而重刻、翻刻本会出现错讹脱漏现象。原刻本特别为古籍整理者和研究者推崇。

（8）重刻本：原物已毁或早已失传，后人据原刻本重新刻印。重刻本因原本已不存在，拓本稀少，甚至为孤本，具有重要价值。凡版式、行款、字体依照原刻本摹刻的，为仿刻本、翻刻本、覆刻本、影刻本；对原刻本内容进行增删校订的为增刻本、删刻本。

（9）精刻本：指校勘严审、字体工整、纸墨优良的刻本。请名人书写上版的为写刻本。

（10）修补本、递修本、重修本：指将旧存书版重新修整、补配而刊印的图书。有的书版保存时间长，经历多次修补，称递修本。宋朝书版经宋、元、明三朝修补的，称为三朝递修本或三朝本。

（11）配本：将不同地区刻的书版，综合印成一类完整的书本。如清代金陵、淮南、江苏、浙江、湖北五个官方书局合出的《二十四史》，版式不同，却为同一部书。

（12）百衲本：用同一种书的不同版片拼印或用同一种书的不同版本拼配成的书。如《百衲本史记》《百衲本资治通鉴》《百衲本二十四史》等。

（13）邋遢本：古代书版因印刷多次，已模糊不清。如宋代的《眉山七史》到明代时，印字难辨，被称为"九行邋遢本"。

（14）活字本：用胶泥、木、铜、铁、铅、锡、磁、瓢制成方块单字，然后排版印刷的图书。现存最早的活字本是 20 世纪 90 年代发现的西夏活字本《吉祥遍至口和本续》。明清时期活字本较多，如《锦绣万花谷》《容斋随笔》《古今合璧事类备要》《古今图书集成》《武英殿聚珍版丛书》等。

（15）套印本：是用两种及以上颜色分版印刷的图书。常见的有朱墨二色套印本，被称为朱墨本。此外，还有三色、四色、五色、六色套印本。明代发明分版分色套印和凹凸版压印技术，称为短版和拱花，常用于版画。

（16）巾箱本、袖珍本：指开本很小的图书，可置于巾箱之中。由于体积小，携带方便，可放在衣袖之中，又称袖珍本。

（17）两截本：有的书版面中有一条横线，将版面分为上下两块，也称两节本。常见于图文并茂的小说、戏曲、便览大全之类的书籍。

（18）铅印本：采用近现代铅印技术排印的古籍。清道光二十三年（1843 年），上海成立了我国最早的铅印出版机构——墨海书馆，咸丰七年（1857 年）出版了最早的汉文铅印本《六合丛谈》。

（19）石印本：用石版印制的古籍，石版印制等是晚清时传入我国的一种现代印刷方法。采用药墨写原稿于特制纸上，覆于石面，揭去药纸，涂上油墨，然后用沾有油墨的石版印书。石印本与铅印本均是油墨印刷，但与水墨印书的刻本有区别。且石印本多为手写软体字，易于辨认。

2. 按照刊刻时代划分分类。按照刊刻时代划分，古籍有唐五代印刷品、宋刻本、辽刻本、西夏刻本、金刻本、蒙古刻本、元刻本、明刻本、清刻本、民国刻本等类型。

（1）唐五代印刷品：唐代开始出现雕版印刷品，流传下来的多为佛经和历书，目前发现最早的一件印刷品是 1966 年在韩国庆州市佛国寺释迦塔中的《无垢净光大陀罗尼经》，其刊刻不晚于 704 年。五代十国时期开始刻印图书，但现在能见到的也多为佛经佛像。

（2）宋刻本：指宋代刻印的古籍。由于雕版印刷术的普及，官私刻书业极为繁盛，刻书范围已包括经、史、子、集各类图书，刻印质量上乘，被历代藏书家视为珍本。

（3）辽刻本：契丹书禁甚严，辽刻本极少流传。1974 年，在山西应县佛宫寺木塔中发现了 60 余件辽刻本，多为辽代刻经，其中有失传多年的《契丹藏》。

（4）西夏刻本：西夏建国于 1032 年，1227 年为蒙古所灭。西夏自创文字，并以西夏文刻印了《大藏经》等书，但传世很少。

（5）金刻本：大致与南宋同时，在金代统治的中国北方地区刻印的图书。其中以平阳府（今山西临汾）刻书最为发达，官方设有经籍所，主持刻书。金刻本流传下来的不多，较著名的有《刘知远诸宫调》《赵城金藏》。

（6）蒙古刻本：元朝立国之前在平阳刻印的图书。基本沿袭金代平阳经籍的旧规。传世品有 1247 年刻《析城郑氏家塾重校三礼图注》。

（7）元刻本：元代（1279-1368）刻印的图书。北方以大都（今北京）、平阳为中心，南方以江浙、福建为中心。元代刻本流传较多，且有独特风格。

（8）明刻本：明代（1368-1644）刻印的图书。这一时期，无论在刻书技术、刻书形式、刻书范围等方面都远胜前代。流传下来的明刻本以中后期作品较多。明中期以后刻本有两个显著变化，一是出现了适应于印书的仿宋字，二是线装取代了包背装。

（9）清刻本：清代（1645-1911）刻印的图书。这一时期，官私刻书业均达到鼎盛。尤其是乾嘉时期，考据学兴起，学者热衷于版本校勘，出现了大批校核精审、刻印典雅的图书。现今流传的古籍大部分是清刻本。其中，乾隆时期前后所刻精刻本受到学者重视，有不少被列为善本。

（10）民国刻本："中华民国"时期（1912-1949）刻印的图书，以汇刻、翻刻历代珍本、善本居多。这一时期，已大量采用影印、铅印技术，传统的雕版印刷势渐衰微。

三、鉴别版本的工具书

要想对古籍进行全面精准的研究和客观的评价，就需要对古籍的版本有正确的认知。可以说版本鉴定是古籍工作必不可缺的一项基础但又十分重要的环节。不同版本的古籍可能成书于不同的时期，在不同的时期有着不同的文化内涵，因为版本不同，除了在文字表达上会有些许不同之外，对于研究古籍的墨、纸、装裱等也有着很高的技术价值和文化价值。古籍鉴定并不是单独的鉴别书籍版本的过程，而是对古籍的再认识、再创造的一个环节。江山指出书籍的形式特征是版本鉴定的重要依据。另外也可以根据书籍的题跋、藏书印章等信息来鉴定古籍的版本。清代著名的藏书家翁同龢在版本学上成就卓著。目前主要采用工具书鉴别古籍。

四、版本鉴别补充说明

1. 通过古籍内容辨别版本。除了一些技术上的方法之外，最原始但也最有效的就是从内容上判断古籍的版本。比如可以根据书中记叙的时间、人物、风俗习惯等判断。或者进一步细核，如审视版刻、纸张、印章等，避免伪造、冒充等。

2. 注意伪本。在明代就有人通过伪造宋元时期的古籍来牟取利益。这种现象愈演愈烈，甚至成为很多人牟取暴利的手段。胡应麟在《四部正讹》中对于伪书的种类、分布和辨伪方法等开展了全面系统的研究。

常见的作伪手法有：以残充全。即把真实的残本用一些技术手段尽量复原，然后以次充好进行宣传售卖。这种伪造方法通常是把原书的装裱进行修改，同时目录上做相应的调整。所以在现代判定古籍的版本时，要仔细检查书卷的装裱、目录以及内容之间是不是一一对应。除此之外，还要观察书籍本身有没有人为刻意地修改痕迹。必要情况下，需要对其内容真伪做进一步的审核。

撕去序跋附录、剜改牌记版心。即将较晚时期的刻本的序跋附录撕去、牌记版心"加工"，以冒充早期刻本。因此，当遇到一部书既无序跋又无牌记，除了从版刻风格、刻印特点上辨别外，一般可先查各种目录、文献，了解该书的版本系统，注意查看是否有该种版本的记述，以帮助判断。其次是尽可能将该书的各种版本放在一起核对比较，如果要鉴定的这种版本真是撕去序跋、剜改牌记，那么即使手头没有复本或此书的原刻本，亦可从该书的其他版本中看出其作伪的端倪。再次是细审原书，因为剜改伪造的手法即使再巧妙也会留下痕迹，如被剜除的部分需要修补（修补用纸通常从原书卷尾的空白处割取，或另用染色、熏旧的纸），对残损的边栏行线以及卷尾、版心的文字进行描补添改等。即使有的在剜除的地方加盖伪刻的牌记更具有迷惑性，但只要仔细观察，还是能够辨认出的。

3. 不要盲从前人的记述。虽然前人古书中的记载可能会对相关辨别工作起到帮助作用，方便人们对一些不熟悉文化的考察，但是前人的文字并不都是准确无误的，他们可能也受到了多种条件的约束，在一些文字记载中存在一些错误，所以在考察前人文献时，不能盲从，要实际考究。

五、古籍版本数字化及其数据库

信息现代化的发展为信息检索和共享提供了便捷。利用丰富的电子检索工具对古籍版本进行全面的搜索比对,使得对古籍版本的鉴定更加准确。电子书影给古籍版本的鉴定提供了检索的广度和深度。因此,在古籍普查时,如果能够详细记录相关工作进程、各项进展的话,利用其开发一个和古籍有关的数据库将不再是梦想。古籍版本数据库可以以现有的古籍版本为分类依据,将每一本古籍通过现代化的技术扫描录入到数据库中,读者可以通过图像或者视频更加直观地走进古籍。古籍数据库的建立,为不同层次的研究者提供了更为便利的研究手段和研究资源。当前开发古籍数据库是一个千载难逢的好时机,一旦开发成功,对于世界而言都将是一个重大的文化成就。

第二章 古籍损坏的原因和症状

第一节 理化因素

一、理化因素

影响古书保存的因素有很多。其中比较常见的理化因素有阳光、温度、湿度、水与火、有害气体、灰尘等。

（一）阳光

阳光可抑制和消灭细菌，还可以去潮湿，驱除藏书中的害虫，这对古书有一定的保护作用。但阳光也是一种损坏古书的理化因素，因为印制书籍的纸张属于有机高聚物，这种物质如果长时间受阳光照射，会变热枯燥，失去坚韧性，人工照明有时也会产生这样的效果。根据化学分析，纸张的化学结构是一种链状线型高分子化合物，这种化合物依靠其组成分子中具有一定能量的 C–C 键结合在一起。当光的能量达到或超过 C–C 键的结合力时，化合物的分子就会断裂，这种现象叫"光解作用"。据测定，所有波长短于 4860 埃的光，对纸张都有光解作用，而阳光中的紫外线波长恰恰短于这个界限，对纸张便具有光解作用。

（二）温度 & 湿度

温度、湿度这两个因素相互影响、相互关联。对于古籍的保存影响也是十分大的。温度过高时水分蒸发，影响纸张的柔韧性，使纸张更容易断裂；温度过低时，同样会对纸张造成不良影响。所以只有在适宜温度下古籍才能更长久地保存下来。湿度和湿度可以共同影响纸张，当温湿度不稳定时，纸张忽而收缩，忽而膨胀，会加速对古籍的破坏。

（三）水与火

"水能载舟，亦能覆舟"，于古籍而言，同样如此。水能浸渍古书。被浸渍的古书纸页粘在一起，翻动时很容易破损，所以在实际情况中要格外注意。水对纸质藏品的危害是多方面的。

1. 遇水即损。纸质书画遇水即损，所以保存时要远离水源和火源。

2. 相互粘连。水对古籍修复时采用的胶而言，也是一位隐形杀手。纸张被水洇湿后如果没有及时处理，胶软化后使古籍粘连在一块，就会造成极大的损失。

3. 字迹洇化或烘染。古代的墨水中的色素，大多数是从自然界中提取出来的，其中一些提取物对水非常敏感。

4. 滋生霉菌。纸张受潮极易滋生霉菌，如果再遇到高温的情况，就会更加严重。

5. 载体变形。浸水后的书籍大多会变形，即使是轻微受潮，书页也会变形，特别是较厚的书本或合订本。由于书芯比其封面材料有更强的吸水能力，浸水后其书芯往往膨胀而使书脊变凹、前页凸起。一般说来，这种现象在合订本浸水后的 8 小时内就可以观察到。若不及时处理，书本就有解体的可能。此外，受湿的纸张若不及时处理，还会留下水斑或水痕。

6. 加速纸张老化。经过水浸后的古籍若不及时处理，会加速老化。

火烧是一个无法补救不可逆的过程。生活当中很多物品可能都会因为火的吞噬而毁于一旦。古籍的保存地如图书馆、博物馆，以及档案室，这些地方存有的物品大多数都易燃，所以更要注意防火。一旦发生火灾，不只是建筑物受到焚毁，更严重的是这些古籍在火灾中也是加速燃烧的物质，后果不堪设想。即使藏品没有受到大火的侵蚀，火灾发出的浓烟对于古籍来说影响也非常大。火灾发生时形成的一些酸性气体，一时半刻无法消散，对于古籍来说就形成了二次伤害。这些细小的烟尘附着在古籍上，如果没有及时察觉并实施补救措施，长此以往古籍最终也难逃损坏的命运。因此，哪怕古籍没有受到明火的焚毁，只要经历了大面积的火灾，对古籍的伤害都是不可逆的。为了控制火势而使用的高压水柱，也会给藏品带来大面积"水害"。

（四）酸性气体

酸性气体可以和碱性物质发生化学作用从而生成盐。有些酸性气体溶于水后也会发生化学反应生成酸。随着工业化进程，越来越多的废气排进空气中，其中就含有非常多的酸性气体。如常见的二氧化硫、三氧化硫、硫化氢、氯化物、二氧化碳等等。这些气体溶于水会形成酸，酸雨就是这么来的。同时酸性物质具有较强的腐蚀性，浓度越强的酸腐蚀性越强。

1. 硫氧化物。常见的空气中的硫氧化物主要包括二氧化硫、三氧化硫等。博物馆属于比较密闭的环境，较少受到空气中硫氧化物的腐蚀。

硫氧化物溶于水后可以形成硫酸，这是一种腐蚀性很强的酸。从而对藏品造成不可挽回的危害。如硫酸和藏品中的金属会发生化学反应从而腐蚀金属，硫酸还可以使古籍中的纸张褪色。

（1）对纸张的危害：实验已经证实，SO_2 能够对植物纤维造成不可逆的危害，纸张的破裂和老化可能都是源于 SO_2。SO_2 是腐蚀性很强的酸性气体，它能对金属、纸张、颜料、丝织品、皮革等各类藏品带来严重的危害。不少专业实验证明，纸张吸附 SO_2 的量与以下因素有关：①机械木浆纸对 SO_2 的吸附能力较强，因而含木浆多的纸不易长期保存；②纸张含硫酸钾铝越高，其吸附 SO_2 量也随之增加。因而，用明矾松香施胶的现代纸比古代纸更容易吸收 SO_2 而脆化；③碱性脱酸后的纸，比脱酸前更容易吸附 SO_2。其原因是脱酸纸上残留的碳酸盐能够直接与溶入水后变成硫酸的 SO_2 发生化学反应，加大了纸张对 SO_2 的吸收；④随着时间的增加，纸张对 SO_2 的吸附量也随之增大。

（2）使着色剂褪色：SO_2 可以使着色剂褪色。相关实验证实，黑暗与温湿度相同的环境中，让 SO_2 与34种绘画着色剂接触并测定其色泽变化，品红、鲜绿、铬黄、姜黄、苯胺紫、靛蓝、玫瑰苯胺、普施安蓝等均有变色。

（3）腐蚀皮革：皮革吸附二氧化硫后，皮革的化学组成也会受到影响，从而断裂。如当一块皮革受到二氧化硫的侵蚀之后，会变成粉末。

（4）侵蚀石刻与壁画：常见的大理石及玉石等，它们的组成成分大部分都是碳酸钙，这是一种会和硫酸反应生成硫酸钙的化学物质。这也解释了为什么石头和壁画即使没有人为因素，长时间地在空气中暴露会风化掉色。

（5）腐蚀金属类制品：二氧化硫不仅可以腐蚀石制品、纸制品，一些金属制品也是它腐蚀的对象。其中最容易受到二氧化硫腐蚀的金属是铁和银。裸露在空气中的银制品长时间之后会发黑，大多数情况下就是受到了二氧化硫的腐蚀。

2. 硫化氢（H_2S）。硫化氢是一种酸性气体，浓度低时伴有恶臭。溶于水后成为氢硫酸。

硫化氢能够腐蚀很多金属而使金属器物表面变暗或形成暗色斑点，如金属铜、铁、银、铝等。空气中 H_2S 浓度达到 $5\sim30\mu g/m^3$ 时，银器表面就会慢慢被腐蚀，不仅失去光泽而且会被黑色烟熏状污迹（硫化银）所覆盖。金属铜、铁、铅被硫化氢腐蚀后，分别形成不同颜色的锈斑，如黑褐色锈斑（硫化铜）或黑色斑点（硫化铁、硫化铝）。氢硫酸是一种弱酸，威力却很大。不仅可以破坏纸制品，使其褪色、甚至使文字溶解掉。国画或水彩画作品中，人物脸部变黑就是白色颜料铅白被硫化氢腐蚀生成黑色硫化铅所致。

3. 氯化物。氯化物是指含有氯离子的某些化合物，包括氯化氢等。空气中氯化氢遇到潮气就形成腐蚀性很强的盐酸，盐酸是一种强酸，对多种藏品都有破坏与腐蚀作用，它甚至可以腐蚀青铜器，使其表面形成结构疏松的粉状锈。氯化物还能破坏纸张纤维素，并损坏纸质文献上的文字、绘画颜料等。

4. 二氧化碳（CO_2）。这是最为常见的酸性气体。这种酸和以上几种相比，酸性很弱。正常状态下，二氧化碳溶于水后的 pH 值为 5.6。室内若二氧化碳的含量较高，如容纳很多人的较小空间，二氧化碳与空气的水蒸气或纸张所含的水产生反应，都会对藏品带来危害。高浓度的二氧化碳腐蚀壁画就是一个案例。

5. 有机酸。有机酸主要包括甲酸、乙酸、单宁酸等。尽管有机酸的腐蚀性并不是很强，但如果将藏品长期放置于有有机酸的地方，还是会受到不同程度的损害。

（五）颗粒物

颗粒物包含的物质种类广泛且复杂。如果没有做好对藏品的防护措施，一旦颗粒物进入放置藏品的空间，它们会马上沉淀并且附着在物品表面。不定期维护很难发现这些颗粒物的存在。颗粒物对藏品的影响主要以下三个方面。

1.化学损害。颗粒物中含有很多腐蚀性物质，当附着到藏品表面时，会对藏品产生不同程度的腐蚀。比如造成一些氧化影响和酸性腐蚀。

2.物理损害。可以从以下两个方面展开。

（1）玷污：颗粒物在藏品上沉积的面积达0.2%时，就会出现明显脏痕。

（2）磨损与粘连：大多数的颗粒物能够在藏品上产生摩擦，颗粒物随风或在其他影响下滚动的过程中给藏品带来不同程度的磨损。有些颗粒物含有粘黏性很强的物质，于藏品而言也是一种损害。

3.生物危害。自然界中的真菌大多数通过孢子繁殖，倘若颗粒物中携带霉菌的孢子，附着到藏品上，环境相对湿度较大时颗粒物可能促进霉菌生长。

第二节　微生物因素

破坏古书的微生物，主要是细菌和真菌。它们在一定温、湿度条件下，能通过自身的繁殖破坏古书纸张的结构，使其发生霉变、分解等化学变化。

细菌是微生物中的一个大类。大小约一微米至几微米。形状有球形、杆形、弧形和螺旋形等。它们广泛散布于空间，除一部分自养以外，多营寄生或腐生生活，生存能力和繁殖能力都极强。腐败细菌和破坏纤维素的细菌在水分充足、温度偏高的情况下，能以二等分裂法迅速发展，纸张在它们的作用下，很快就腐烂霉坏。

但细菌在生长发展中对湿度和温度条件要求较多，在一般情况下，对古书的破坏作用并不太明显。危害性最大的微生物是真菌。

真菌种类十分繁多。包括霉菌、酵母菌和伞形菌等。我们通过科学研究发现，对古书破坏作用最大的就是真菌。真菌的分布范围非常广泛，对于藏品而言，接触到真菌的概率比较大。真菌的体积微小，只能够寄生在其他物体上生活。藏品当中的丝绸或者纸制品等本身就适合真菌繁殖。

霉菌对于藏品的危害，不仅仅是附着在藏品上时产生。随着霉菌在藏品上的繁衍生长，这一过程都会对藏品产生损害。霉菌破坏藏品的基本原理与后果见表2-1。

表2-1 霉菌破坏藏品的基本原理与后果

危害对象	藏品	危害原理	后果
纤维材料	棉、麻、纸、木、竹	分解其纤维素	使其腐烂并留有霉斑、酸性增高、机械强度下降
蛋白质	丝、毛、皮革类	分解蛋白质	使其腐烂并留有霉斑，释放H_2S、NH_3污染环境，降低其表面光泽和机械强度
金属	铁、青铜等	霉菌的有机物代谢产物促进金属腐蚀	锈蚀

1.分解材质。霉菌的重要组成部分菌丝，可以深入藏品内部吸取有机物的营养，破坏藏品原本的形态。例如，当纸质文献沾染霉菌后，霉菌就会以纸、淀粉糨糊、胶料以及油墨等作为养料，逐渐破坏纸质文献的制成材料。据试验，霉菌在3个月内能毁坏纤维的10%~60%，由于纸的纤维素被破坏，而引起纸的机械强度降低。据资料介绍，长了霉的书在5天内纸的坚牢性降低了50%。某些霉菌（如青霉）还能够分解字迹材料中的油脂或胶料，使字迹脱落。

2.霉变后纸张的酸值会增加。霉菌在吸取营养的过程中，会分解出有机酸，使纸张的酸性急剧增加。有试验证明，纸张发霉几个月后，其酸性增加了两倍。还有资料报道，被草酸青霉危害几个月的纸张，从纸中可分离出一定量的浓度为5%的草酸。因而，纸张或丝绸发霉后，发霉处会变黄且易脆化。

3.留下难以除掉的色斑。霉菌在刚开始繁殖的时候，菌丝是没有颜色的，或者颜色非常浅，随着真菌生长，会出现各种颜色的繁殖物，也就是孢子。真菌一般通过孢子繁殖，孢子的颜色五彩缤纷。这种颜色让纸制品看起来就像是受到了色素的污染。菌丝也会分泌其他颜色的色素附着在纸制品上面。这些色素非常稳定，极难挥发。一旦纸制品被真菌感染之后，上面遗留的一些污渍很难去除。

4.在菌丝生长后期会分泌出黏液，有的会分泌出液滴，使菌落上有"汗珠"呈现。除了色素之外，真菌在纸制品上的繁衍生长过程中还会分泌出其他物质。比如它们的排泄物，这种物质通常呈现黄色，并带有黏性，使霉变后纸质品相互粘连，若长期不处理或是在高湿、堆压的情况下，会黏结成纸砖，难以揭开。

第三节 生物因素

危害古籍的生物因素主要是昆虫和老鼠。

危害古籍的昆虫，据统计有七十多种，常见的有书蠹鱼、蛀虫、书虱子、谷鱼、谷蛾、苍蝇、白蚂蚁、蟑螂等。尤以书蠹鱼、蛀虫危害最大。

书蠹鱼又称"蠹鱼""衣鱼""蟫"等，体狭长，有银灰色细鳞，无翅，脚很多，它们隐藏在古书中，啃食书上的糨糊及胶性物质。书蠹鱼在阴暗、潮湿、温和的环境里最易生长，它们常把古书咬得千疮百孔。古书修补中的大量工作，就是修补被书蠹鱼蛀坏的书页。明代文人张岱在《讨蠹鱼檄》一文中痛斥："惟此蠹鱼者，赋质轻微，存心残忍。寸口象之犀利类蝥，因名为蠹……恣蚕食以忘休，肆鼠伤而无忌。比火焚更惨，何异于坟典于秦坑；较土掩犹凶，谁复发周书于汲冢？罪真难挽，死有余辜。"檄文充分表达了古代读书人对这种危害古籍的昆虫的愤恨。

危害藏品的昆虫有许多种，这里要讲到的是可以适应藏品储存环境，并且在一般的条件下就能够完成孵化生长、繁衍这一完整过程的昆虫，这些昆虫会给藏品带来极大的危害。危害藏品的昆虫大多以有机物为生，如纸张、糨糊、胶水、棉、麻、木、竹、丝、毛、皮革等。此外，尘埃等微粒物质也是昆虫的食物，它可以补充昆虫所需的微量元素。有害昆虫危害藏品具有以下特点。

1. 吞食材质。这类昆虫主要的食物就是书籍或者其他丝绸制品中的有机物，对于藏品而言危害极大。除了对书籍本身造成直接伤害之外，这些昆虫会蚕食书籍配套的装置和丝绸制品配套的相关装饰物，甚至对于储存这些藏品的容器也会带来伤害。按照这类昆虫吞食有机材质的特征来看，其危害一般有啃食与钻蛀两种类型。

（1）啃食：在这种情况下，昆虫通过咬噬而对古籍造成伤害。这种方式只会对书的表皮产生影响。有的虫子不仅蚕食书籍表面，甚至会从书的边缘开始啃食，如白蚁。

（2）钻蛀：以这种方式对藏品造成伤害的昆虫，主要通过潜藏到木质材料当中咬食这些木质的器具，从而影响到整件藏品。这些昆虫进入木质器具之后，先沿着外边的小孔钻进去，一直啃咬。因此，被蛀食处会形成隧道状的蛀孔，所危害处均有虫孔、虫道与虫屎。这类昆虫的危害期主要在幼虫期，且其整个生命周期都寄生在被害物内部。

2. 传播霉菌。除了咬噬藏品之外，有一类昆虫和霉菌还有一定的联系。这类昆虫以霉菌作为食物，通常生活在比较潮湿的地方，如果这些地方不太通风，它们的生长速度就会大大加快。这种既不通风又比较潮湿的环境，特别适合霉菌生存，可能会吸引以霉菌为食物的昆虫。其中最常见的是书虱。

3. 污染藏品。某些昆虫的排泄物不仅污染藏品，而且也成为霉菌侵蚀藏品的最好培养基。表2-2列出了危害藏品的常见害虫的危害特点以及检测依据。

表 2-2　危害藏品的害虫特点

虫名	危害对象	危害时期	监测数据
蟑螂	含糨糊之书籍、书画装裱、纸张、织品、皮制品等	幼虫及成虫期	排泄、卵鞘、文物上的污痕、食痕
毛衣鱼	含糨糊之书籍、书画装裱、纸张、织品、皮制品等	幼虫及成虫期	排泄、文物上的食痕
书虱	纸张、潮湿的书籍或已发霉的书籍等	若虫及成虫期	若虫及成虫期
烟草甲	纸张、书籍、木质、昆虫标本、皮制品、植物标本、丝质等	幼虫期	文物上的污痕、食痕
药材甲	植物标本、昆虫标本、革制品、书籍等	幼虫期	蛀孔、排泄

续表

档案窃蠹	纸质、合板、纤维板、纸箱等	幼虫期	蛀孔、排泄
白蚁	木质、竹材、书籍等	幼虫及成虫期	蛀洞、蚁土、排泄、工蚁或生殖蚁、脱落翅膀
竹粉蠹	竹材	幼虫及成虫期	蛀孔、木粉
粉蠹虫	木质、竹材等	幼虫及成虫期	蛀孔、木粉
衣蛾	动物性纤维、植物性纤维、毛织、羽毛、羊毛等	幼虫期	织品纤维上取食文物或蛀洞、筒巢、脱落的毛发
皮蠹	动物性纤维、动物标本、皮革制品等	幼虫期	受损文物、幼虫蜕皮

第四节 人为因素

除了上述因素之外，有的时候古籍的破坏是人为造成的。例如，人们查阅的次数过多，或是由于翻书时的粗心大意不小心将书页撕破，或是使古籍断线、掉页、中缝开裂或是书口处破损等。还有一些人在阅读时不小心用指甲划破书页，甚至让古籍遭受墨、油渍等污染。为了收集对他们有用的信息，有些人甚至故意截取古籍中的书页，从而导致古籍残缺。这种情况在古籍的修补过程中是十分常见的，也大大增加了古籍修补的难度。

除了有些人为故意破坏之外，大多数情况下是由于人们保存古籍方法不得当，或者是不经意间造成了古籍的损坏。当古籍被保存在博物馆或者是图书馆后，也可能因为一些管理方法或者是储存方法不得当，对其造成二次伤害。所以古籍的人为损害有可能发生在各个环节。

1.使用过程中。首先最常见的现象就是絮化，当纸张受到长期的摩擦时，四周会产生比较蓬松的一种状态，絮化严重时，会使纸张变得非常柔软，不再具有原来的质感。对于年代比较久远，非常珍贵的古籍而言，应该减轻絮化程度。限制利用原本，而更多地使用复制件，可以避免这类破坏的发生。缺乏指导读者合理使用的规章制度与监督，导致藏品遭到更多类型的损害。

2. 保管过程中。如果保管得当，可能年代久远的古籍仍然可以以较新的面貌呈现在世人眼前。如果保管不得当，哪怕是新的书籍，同样也会受到不同程度的损害。常见的管理不当的方式有如下几种，例如，在拿取书籍字画时不带专用的手套，直接徒手去拿，或者动作非常大；再如，文献展出的时候没有对其进行相应的保护，参观人数较多时，光源对于字画的影响也是极大的。

3. 修复托裱中。纸质文献修复托裱本身是为了更好地保护字画，可是如果装裱不当就会对文献造成二次伤害。例如，当采用湿托裱这一方法的时候，如果湿度过高可能就会将水分浸入到文献中去，从而使这些文献受到损坏。在修复的过程当中，如果没有使用恰当的原料进行修复，对于这些珍贵的藏品而言，伤害也是非常大的。

此外，战争、灾害、偷盗等，也会给藏品带来不可挽回的损失。

第三章 古籍载体的耐久性及保护路径

第一节 古籍载体的损坏

古籍载体是支撑古籍信息内容的物质材料。导致古籍载体损坏的原因也有许多种。可能是因为古籍载体形状发生变化，从而失去了原来的作用，不能够很好地保护古籍；或者古籍载体直接损坏，不能够再对古籍进行保护。载体损坏的形式主要有物理性损坏与载体变质两大类。

当载体受到损害，其相关物理特性和化学性质仍维持原来的状态时，这种损坏叫作物理损坏。这种情况下，虽然载体失去了原本的功效，不能够再对古籍进行相应的保护，但是自身的性质并没有改变。常见的物理性损坏主要有载体受到玷污，或者是载体自身粘连在一起，或者是形状发生了改变等。

形变通常是指古籍载体材料的形状和尺寸发生变化，永久形变是指在去除外力之后仍然不能恢复到其原始状态的变化。例如，遇水会使纸张变皱，书脊也会随之弯曲。残破包括古籍载体的残缺或破损，例如，对古籍载体的部分损坏、断裂等。洇化也被称为跑墨，是指笔迹中的着色剂扩散或渗透到纸张上笔迹之外的区域。虽然着色剂的主要成分没有发生任何化学变化，但是形态的变化也会使笔迹变得模糊，使人们无法辨认。物理损坏通常更为明显，大多数的损坏速度更快，其中有些会瞬间发生。

与物理性损坏不同，化学性损坏是一个比物理性损坏更加难以解决的复杂问题。化学性损坏最大的特点就是，它的损坏过程时期比较长，可能在较短的时间内并不能看出问题所在，而物理性损坏就不一样了。比如当载体发生破裂时，我们一眼就能够看出它的损坏程度，但化学损坏就不具备这种特点。藏品的载体材质大多是高分子化合物，当其受到热、光、紫外线、氧、臭氧及各种化学品作用（如污浊空气中的硫化物、氧化物等），就可能发生变色、龟裂、强度降低等物理或化学性能变化。这些外部的不良因素能引起载体材质的高分子主链断裂或交联，导致其结构变化且性能降低。载体变质是缓慢的化学过程，在其变化过程中不断释放出可见的物理性损坏信号，只要及时发现与关注，就有可能通过各种方法阻止变质，挽救文献载体。

纸质文献载体主要由纸张与字迹的着色剂组成，字迹是着色剂（墨水、颜料等）通过各种方式（书写、印制等）在纸上形成的信息符号，包括文字与图案，使着色剂显示出字迹的主要成分是色素。纸质文献的载体变质往往会出现色变与纸张机械强度下降等不可逆的劣变现象，不仅严重影响与阻碍文献的利用，还有可能降低文献的利用价值。

一、色变

色变是指文献载体变质后其颜色发生改变。一般说来，色变有三种类型：褪色、变色与泛黄。褪色与变色主要针对字迹的色素而言，泛黄则涉及纸张颜色的变化。

1. 褪色。褪色是指字迹的颜色由深变浅的过程，最常见的褪色是颜色由亮泽转为灰暗，如字迹、图案的褪色等。

2. 变色。变色是指某字迹的颜色不正常地向另一种颜色转变，使字迹失去了最初的颜色特征。

褪色与变色都是色料受外界因素影响，其发色基团被破坏而出现的外观现象，其本质是字迹色料的分子结构被破坏。

3. 泛黄。泛黄与变色不同，它不是由外在因素造成的纸张颜色变化，而是由纸张本身的材料因素导致的。纸张大多数都是用植物纤维制成的，所以其中会有一些微量的化合物，颜色本身就呈现黄色，而且随着年份的增长，纸张的白色会逐渐地消散，也就是说，白色消散之后，黄色的有机物就会显现出来，从而导致纸张泛黄。因此，有时候还可以通过纸张的泛黄程度来判断纸张是什么时期制作的。

二、纸张机械强度下降

纸张变质后不仅会出现泛黄现象，其机械强度也会下降。可以通过测量纸张的机械强度来测定其变质程度。纸张的耐折度是测量纸张受一定力的拉伸后，再经来回折叠而使其断裂所需的折叠次数，以次数表示。次数越多，纸张机械强度越高。耐折度表达了纸张的抵抗能力，是对纸张强度和韧性的综合度量。纸张变质后一般会脆化而不再柔韧，易折断或裂为碎片（称为纸灰），因此经不起折叠，其耐折度会降低。我国造纸部门依据纸张的耐折度对纸张的坚牢程度进行了大致分类：耐折度达 100 次以上为坚固纸张，耐折度在 100 次到 20 次之间为欠坚固纸张，耐折度在 20 次以下则为不坚固纸张。钞票纸的耐折度一般都在 1000 次以上。这种方法不仅测出的结果比较可靠，同时方法本身操作性很强，对技术要求不高。评价纸张机械强度的指标较多，如耐折强度及撕裂强度。

耐折强度简称为耐折度，用来表示纸张抵抗往复折叠的能力，可以通过耐折度测定仪测定。撕裂强度又称撕裂度或撕力，是指一定长度的纸条被拉断时所需的力量，可以通过纸张撕裂度测定仪测定。

美国文献保护专家布朗依据耐折度与撕裂度来评估纸张可利用的状况，并以此提出对馆藏文献的维护办法，见表 3-1。

表 3-1 文献纸张的强度与维护

纸的强度分类	耐折度（次）	撕裂度（克）	备注
高强度	≥ 1000	＞ 75	能承受频繁使用
中强度	300 ～ 1000	60 ～ 75	需持久保存的文献不宜低于该值
低强度	10 ～ 300	25 ～ 60	有限的潜在利用能力
	50 ～ 75		应及时加强保护
	10 ～ 50		有效寿命很短
强度低劣	2 ～ 10	12 ～ 23	不宜流通，应限制使用
不可用	0.1 ～ 1.0	8 ～ 12	不宜直接使用原件，翻动要特别小心
易碎的纸	0.01 ～ 0.1	4 ～ 8	即使只藏不用，也需极小心才可能维护完整
非常易碎的纸	0.001 ～ 0.01	2.5 ～ 4	自行裂开，揉擦即为纸屑
近乎无用	≤ 0.001	＜ 2.5	脆化得几乎成灰

三、纸质文献载体的寿命

关于藏品载体的寿命定义，目前考古学界有着较为统一的标准。人们认为一个藏品载体从制成开始，到因为损坏而无法使用或不再具有原本的价值为止，这一段时间就是藏品载体的寿命。通常情况下，文献载体的寿命从两方面进行判定，分别是内部原因和外部原因。内因是决定文献载体是否可能经久耐用的重要因素，外因是有可能造成载体损坏的各种外界因素，它贯穿在文献的利用、保存与维护的全部过程之中。鉴于此，可以将文献载体的寿命划分为理论寿命与实际使用寿命。根据影响文献载体的内部原因和外部原因，将文献载体寿命划分为理论寿命和实际使用寿命进行说明。

文献载体的理论寿命是指当文献载体在比较适合的环境中保存时，能够使载体保持原有的物理性质和化学性质的最大的时间。这一时间长度可能会和文献载体本身的材质有着莫大的关系。除此之外，现实环境中也会有非常多的因素影响文献载体的理论寿命，因此，光从文献载体的材料进行判定是远远不够的，结果也不够准确。实际情况中实际寿命可能和文献载体的理论寿命相差很大。

此外，还有利用耐久性与耐用性来表示文献载体寿命的，在中国台湾地区耐久性也称为保存性。耐久性是指载体长期保持化学与物理稳定性的能力，耐用性是指载体在使用中耐磨与耐撕裂的能力。耐久性相当于载体的理论寿命，它主要与载体材质的物理性能及化学性质密切相关。耐用性是载体物理强度和塑性的体现，它与载体的物理性损坏相关，是载体材质能够经受广泛利用和制定科学存放方案的基础。对于纸质文献而言，耐久性更多涉及纸张发黄变脆的时间，字迹中色素的抗变色、褪色的能力；耐用性则涉及纸张耐折叠、耐撕裂的程度，字迹色料耐磨的程度。文献载体的化学成分及其制作方式，对文献载体的耐久性和耐用性影响很大。表3-2列出了中国古籍的主要载体材质。

表 3-2 纸质古籍的主要载体

形成方式	特点	方法	成品	主要载体材质
写	唯一性	书写	稿本	纸、中国墨、血液、矿物质、金属颜料
			抄本	
			信札	
			题词	
			题字	
		绘画	图画	纸、绢、中国墨、矿物颜料、植物颜料、金属颜料与海洋动物颜料
印	批量性	拓印	拓本 / 拓片	纸、墨、朱砂或其他颜料
		铃印	印谱	纸、朱砂
		刷印	雕版	纸、墨、朱砂
			活字	

第二节 古籍书写材料的耐久性

纸质文献上的字迹是色素附着在纸上的信息符号。表 3-3 列出了字迹的组成。

表 3-3 字迹的组成

组成		功能	对文献保存的影响
纸		色料的承载体	字迹的完整程度
色料	色素	使字迹显示颜色的主要成分	影响信息符号可辨认程度
	辅料	帮助色素渗透、黏附与固着在纸上	影响字迹的耐磨性及洇化

色料是使纸张着色的物质，而纸张是色料的载体。色料中的色素决定了在纸张上所写的文字图画能够留存的时间是长还是短，色素往往会影响纸张褪色的程度。

一、天然色素的稳定性

人类从 3 万年前就开始萃取自然的色料，直到 19 世纪，色料的来源都是自然的矿石或动植物。进入 20 世纪，人类才开始普遍地利用化学方法来合成染料与颜料。因此，古籍字迹大多采用的是天然色料。

天然色素顾名思义就是取自于天然色料中的色素，这些色素往往来自动植物或其他大自然中的原材料。一般不经过化学加工，只经过一些物理上的加工就投入到使用当中去。这些色素本身由于取材不同，自身的稳定性也就不太一样，从而用到古籍当中就会导致在古籍纸张上留存的时间有所差距。这就是色素对古籍耐久性的影响。

1.天然矿物色素。天然矿物色素来源于金属矿与非金属矿，大多都不溶于水或其他溶剂。所以在实际过程当中，为了方便涂写，大多数的天然矿物色素通常会和胶类的物质相互混合，再在古籍纸张上进行涂写。

天然矿物色素的稳定性较好，大多数耐光。在相关领域，科学家为了区别不同的耐光强度，所以将耐光能力的强弱从一到八依次分成了八个等级，一级的耐光能力最差，八级的耐光能力最好。天然矿物色素的耐光力可以达到五到六级，甚至有一些可以达到八级。故天然矿物色素的稳定性非常好。

2.植物与动物的天然色素。植物色素通常取之于植物的根、茎、皮、花、果实的汁液，天然的植物色素稳定性较矿物色素差，受外界因素影响较大。在低温或干燥情况下，性质一般较为稳定，但温度升高可能加速变色反应。环境中的酸碱度会改变植物色素的分子结构或化学成分，而导致其颜色发生变化，光（特别是紫外光）可以使这类天然色素分解或氧化而褪色。

可用作染色的植物大约4000~5000种，在中国使用最广泛且历史悠久的有茜草、紫草、苏木、靛蓝、红花、栀子、冬青、茶、桑等。由于种类繁多，其性质也较为复杂，其耐久性很难一概而论。有研究指出，黄檗和紫草最不耐光照，苏木、槐米、栀子耐光牢度一般，茜草和靛蓝耐光牢度较好。

动物色素取之于动物。大部分动物色素从动物皮毛或者器官提取而来。在实际的运用当中，动物色素的应用案例比较少见，所以对动物色素稳定性的研究也就比较少。

由上可见，并不是所有的古籍都有非常好的耐久性和稳定性。有些看似色彩斑斓保存较好，那是因为没有受到恶劣环境的影响。

二、古代字迹的色料

中国的古籍大多色彩非常丰富。像现在使用较为广泛的合成化学颜料是在清朝末期才传入中国的。在此之前，我们国家涌现出了非常多色彩鲜艳的字画。这说明在清朝以前我们国家在古代字迹的色料运用上就已经非常广泛了。大部分的色料都源自天然的矿物质，或者是植物，少部分源自动物。总而言之，这些色料在伟大的劳动人民手下发挥着独特的影响，被运用在了越来越多的字画当中，也给中国古代绘画以及文字带来了极大的发展。[①]

古代天然色料的种类很多，大多已经失传，表 3-4 是古代字迹色料的举例，是经过多种文献分析后形成的表格，并不能代表我国古代颜料的全部。

表 3-4 古代字迹的主要颜料

颜色	矿物质	植物	动物
白	白土、白垩、胡粉（碱式碳酸铅）		蛤蚌壳、珍珠
黑	炭黑、磁铁矿（Fe_3O_4）	通灰草	
红	铅丹（Pb_3O_4）、赤铁矿（Fe_2O_3）、朱砂（HgS）、天然辰砂、红玛瑙	茜草、红花、苏木	珊瑚、珊瑚虫
黄	黄色黏土、石黄（As_2S_3）	荩草、栀子、黄檗、槐花、姜黄	
绿	海绿石、石绿（某种蓝铜矿）、氯铜矿、绿玛瑙	冻绿，含叶绿素的植物	
青	绿孔雀石		
蓝	蓝铜矿、石青（碱性铜碳酸盐矿物）	蓝草、蓼蓝、菘蓝、木蓝、马蓝等	
紫	紫苏灰石	紫草根	

下面对几类流传至今且常见的字迹色料的耐久性及耐用性进行分析。

1. 中国古墨。中国大量汉族古籍的字迹是由中国古墨形成的，例如稿本、抄本、绘画、钤印与碑拓等。中国考古发现，殷商时期龟甲卜骨上都有朱墨书写的文字。

中国古墨主要原料是煤烟、松烟与动物胶等。其化学性质稳定，耐光耐腐蚀，形成的墨色持久不变。除以上主要成分外，墨锭还加有鸡蛋白、

① 夏绿寅．显微镜探知中国古代颜料 [J]．彩绘文物艺术考古，2007（1）：342-346.

鱼皮胶、牛皮胶和各种香料、药材。古墨中的胶料将色素固着在纸张上并形成墨膜，因而较耐磨与耐水。

2. 墨水。在某些地区，人们并不使用毛笔书写，而是使用比较坚硬的一类笔。所谓硬笔，就是用更为坚硬的材质，将头削尖，再蘸墨水写字。随着社会文化的发展，人们发现用这种笔写出的字不太美观，根据笔的特点，制定了专门用于书写的墨水，故硬笔书写所用的墨水和毛笔书写所用的墨水是不一样的。

3. 天然矿物质颜料。天然矿物质颜料又称为"石色"，其色素是从矿石或有色的土中提炼出来的。一般情况下要想制成天然矿物质颜料，首先要寻找到含有这些颜料的矿石。收集这些矿石，将它们打碎并研制成粉末。同时加入一定比例的胶，将胶和矿石粉末相互融合，并加以保存。在使用时取出适量混合物，用毛笔蘸水即可。从天然矿物质中提取出的色素，是所有天然色素中稳定性最好的，在古时候也常常作为颜料来使用。

天然矿物质色料的书画，其损坏多由于胶料。在颜料制作中为了防止胶（主要成分为动物性蛋白质）的变质，添加了明矾。明矾为酸性物质，加速纸绢的酸化。当纸绢等载体受损后，附着其上的颜料也随之开裂与脱落。

4. 纯金属颜料。纯金属颜料包括金属箔与金属粉末，其中金属粉末是用金属箔研制而成。将金属粉末加胶料调制的过程，称为泥金、泥银等。

（1）金箔与泥金：金箔是中国传统绘画与工艺中经常使用的金属材料，用纯黄金制作而成。金箔非常轻薄，如同薄纸一样。将金箔研磨成金粉并加入胶料即为泥金，可用泥金作画或书写文字。

（2）银箔与泥银：银箔由纯银制成，呈现银白色。泥银由银粉与胶料调和而成。

（3）铜箔：铜箔的颜色与金箔形似，但价格较金箔便宜很多，常替代金箔使用。

（4）铝箔：与银箔一样呈现白银色，因价格低廉常作为银箔的替代物使用。

5. 天然植物色料。天然植物色料一般是从植物的根、茎、叶、花与果实中提取的汁液。天然植物色料的稳定性次于矿物质色料。比较容易受到温度以及酸碱度的影响，从而改变性能，比如褪色或者变色等现象。

  6.动物色料。目前已知的动物色料主要有蛤蚌壳、珊瑚与胭脂虫等。古画中的洋红，有的是以珊瑚、蛤蚌或鸡冠做的颜料，其色彩也经久不变。

  7.血经。是中国一种非常珍贵的古籍，它的字迹中的色料是将古代高僧的血液与墨或金箔混合。这种色素的稳定性非常差，基本上见光就会分解，对于温度和酸碱度也十分敏感。

第三节 纸张的耐久性

纸张的耐久性由内部因素和外部因素共同作用，经过科学研究，可以推断出纸张的稳定性会直接影响纸张的耐久性。这也是为什么通常情况下纸张越稳定，纸张的色素耐久性也就会越好。所以在纸质文件保存当中不仅要注意到外部因素，还要从纸张本身的材质出发，了解到影响纸张耐久性的内部因素，从而更好地保护这些文献资料。

对纸张耐久性因素影响的原因，主要和纸张所采用的原材料以及纸张原材料纤维的长度有关。表3-5为中国古纸的主要制造工艺及其对纸张耐久性的影响。

表 3-5 中国古纸的制造过程

主要阶段	目的	主要过程	对纸张耐久性影响
蒸煮	使制成的纸张不残留有害的化学物质	将造纸原料用石灰乳（氢氧化钙）、草木灰水（主要成分是碳酸钾）浸透后蒸煮，以去掉木质素和果胶、脂肪、色素等成分	纸呈中性或偏碱性，可阻止游离酸形成与延缓其在保存过程中的酸化
漂白	使植物纤维中有色物质转变为白色的其他物质	日光漂白：将纸浆摊晒在日光下，不仅漂白了有色物质，也破坏掉纤维中不稳定成分，如木质素等	使纸张久不变色，不易老化变脆
打浆	使纤维交织均匀	千锤万杵使楮骨竹筋尽为液流	提高纸张的物理强度
抄纸	使纤维分布均匀，增加强度	充分搅拌纸浆，并加入黄蜀葵、杨桃藤、野葡萄、梧桐等悬浮剂，以便使纤维分布均匀，增加纸张强度	影响纸的强度

除造纸过程对纸张耐久性有影响外，纸张的基本成分的稳定性对纸张的耐久性也有很大影响。表3-6将造纸原料分为两大类（纸浆与辅料），并分别列出了每类的基本成分。

表 3-6 造纸原料的基本成分

原料	主要成分	备注	
纸浆	纤维素	纸的主要成分。其含量对纸张强度与耐久性有直接影响	
	半纤维素	随植物细胞一同进入纸浆；影响纸张耐久性	
	木质素		
辅料	胶料	使纸张具有抗水性	有可能影响纸张耐久性
	填料	改进纸张的平滑度和不透明度	
	色料	增加纸张白度或给纸张上色	
	其他化学助剂	改变纸张性质，以提供某些特殊用途	

纸浆是造纸的基本原料。古代使用最广泛的造纸原料，就是植物纤维。古人将植物收集加以处理，并且把植物纤维经过加工提取出来，从而制作成造纸所需要的纸浆。纸浆的主要成分为纤维素。辅料就是为了满足不同需要而添加到纸浆中的一些其他物质。

纸张的变质在前文已有相关的讲述，主要由于纸张的纤维发生了变化。这些变化可能由物理因素引起，也可能由化学因素引起。最终影响到纤维素的化学结构，使纸张的耐久性受到损失。

一、纸浆基本成分的稳定性

从化学稳定性上看，纤维素最为稳定，半纤维素次之，木质素（简称木素）最不稳定，半纤维素及木质素容易受到光线、氧气等外在因素的影响而变质，见表 3-7。

表 3-7 纸浆基本成分的稳定性比较

成分	化学稳定性	水解	氧化	光降解
纤维素	稳定	仅在一定条件下发生		
半纤维素	较不稳定	比纤维素更易遇酸水解	容易	
木质素	最不稳定	非常容易		

（一）纤维素

纤维素是一种天然的高分子化合物，在适宜的条件下非常稳定。如果不是遭受了强酸或是强碱，以及其他的刺激性因素，纤维素能够非常稳定地保存几百年的时间。和植物色素有一点相似，在温度升高的情况下，纤维素的稳定性会减弱，其中的大分子会随着温度的升高变得非常活跃，到达一定温度时就会发生断裂，从而纤维素的稳定性也就遭到了破坏。

当纸张中所含纤维素成分越高时，纸张的稳定性就越强，从而纸张的耐久性也越高，因此，纸张可以保存的时间就越长。纤维素的化学稳定性为纸质文献的长期保存奠定了基础，纸张所含纤维素的成分越高，纸张的耐久性就越好。

纸浆中纤维素的含量是与造纸原料相关的，表3-8列出了不同植物的纤维素、非纤维素的比例。

表3-8 造纸植物纤维原料的质量比较

种类	长度（mm）	长宽比	纤维素（%）	木质素（%）	染细胞（%）
种毛纤维（棉花）	12～23	1250	90以上		
韧皮纤维（麻）	12～36	1000以上	60～83	1～15	极少
韧皮纤维（树皮）	1.5～3.5	300～800	38～64		
木材纤维	0.9～4	60～100	40～60	17～32	1.5～30
禾本科纤维	0.9～2	70～200	24～60	12～34	40～60（竹：20～30）

表3-9为我国不同时代的主要造纸原料，表3-10为不同类型的纸张的特点。由表可见，不同时代、不同类型的古纸，其耐久性随造纸原料的不同有所差异。

表3-9 中国古纸的主要造纸原料

时代	新纸类	主要造纸原料	备注
始于西汉	麻料纸	苎麻、大麻、亚麻	麻料纸始于西汉，盛于隋唐，衰于宋元，绝于明清
始于东汉	皮料纸	树皮、麻头和破布	造纸原料的来源开始扩大
晋代	藤纸	藤开始被广泛采用	纸取代简帛。造纸原料除原有的麻、楮外，还扩展到桑皮、藤皮
隋唐时期	以树皮、藤使用最广，麦秆、稻秆等粗纤维也用于造纸。野藤伐没，使藤纸衰于晚唐		
始于宋代	竹料纸	本时期竹纸发展很快；造纸原料多元化：蜀中多用麻，江浙多用嫩竹和麦茎稻秆，北方多用藤	皮纸和竹纸是明代两大主流产品；清朝前期、中期造纸原料和品种多样化，原料有竹、楮皮、桑皮、檀皮、麻、稻草、麦草、蒲草、马兰草、无节草、乌拉草、废纸等
明清	藤纸绝于明代；竹纸在清代占了主导地位，其他草浆也有发展		
清光绪年间	机器有光纸	进口木浆进入中国造纸业；清朝末年，木材和非木材原料均有使用	

表 3-10 中国古纸的特点

纸类	纤维种类与特性	耐久性
麻纸	属韧皮纤维。耐磨不容易破，渗水性不太好，唐宋时期多用于写诏书	质地好，坚韧，不渗水
藤纸	属韧皮纤维。用藤类植物的韧皮纤维制成，有白藤纸、青藤纸与黄藤纸之分，渗水性不高，宜于书写	质地好，不渗水，色黄
宣纸	属韧皮纤维与禾本纤维。使用檀树皮、稻草为原料制成的纸。纤维细长，质地紧密，拉力较大，具有匀薄、洁白、坚韧与吸墨等优点	质地好，纤维细长，组织密，拉力大，保存时间长
棉纸／皮纸	棉纸又称皮纸，用桑树皮、楮树皮、三桠皮及笋壳等制作而成。质地细柔，富有韧性。纵向撕开纸页，断裂处呈棉状	纸质坚韧、厚实，质地坚牢，耐折耐磨，保存时间长
竹纸	以嫩竹为原料的纸	木质素多，容易泛黄，耐久性差，纤维最脆弱
纳西族东巴纸	创制于唐代，主要使用当地数种野生的瑞香科落叶灌木的树皮，瑞香科植物含有有效的杀虫成分	白、厚、坚韧，用力也难撕裂，千年不腐，抗蛀性很强
藏纸	用刀子将海拔 4500m 以上的狼毒草（瑞香科植物）根部去皮去芯，取中间白色纤维组织捣烂熬煮；为了提高藏纸的亮度和柔韧性，煮制过程中要加入碱	较厚，一般为土黄色，也有其他颜色；质地坚韧、耐折叠、耐磨损、不遭虫蛀鼠咬、不腐烂、不变色，保存时间长

从以上图表中能够看出，中国古代所造的纸纤维素含量很高。除了已经提到过的原因之外，还有一个非常重要的原因：中国古代造纸，一般都要经过一个不可缺少的步骤——蒸煮，这一过程也可以认为是发酵。通过蒸煮得到的纤维素，基本上不含有其他的杂质，最终制作纸张的纸浆里，所含非纤维素的比例非常低，因此，造出的纸一般也偏向碱性。

纤维素的化学成分较为稳定，使得纤维素含量较高的宣纸有了纸寿千年的说法。但世界上所有物质都处在永不停息的运动和变化之中，随着时间的推移，该物质原有的特性也会发生不可逆的变化而逐渐失去原有的效用，要永久保持其原有的理化性质及功能是不可能的，即物质的变质是绝对的，但发生变质的时间长短是与物质种类及所处环境有关的。时间因素是自然界不可抗拒的力量，纤维素也会随时间而逐步缓慢的氧化而使其失去原来的白度与韧性，即发生老化。

纤维素除了会受到温度、湿度以及酸碱度的影响之外，还会受到光的破坏。在纸张的制造过程当中不可避免会添加其他物质，纤维素本身对于紫外线等波长较短的光的敏感程度非常低，加入其他物质，势必会影响到纤维素自身的化学性质。若添加的物质当中还含有对光十分敏感的材料，那制成的纸制品可能对光更加敏感。

（二）半纤维素

与纤维素不同的是，半纤维素并非线性高聚物，而是含有短侧链的多聚糖。聚合度较低，其强度低且化学性质不够稳定。

造纸的过程当中加入或者适当的保留半纤维素，可以提高纸制品的韧性，从而能够提升纸制品的寿命。半纤维素化学分子式比较特别，如果添加过量会影响纸制品的耐久性，半纤维素添加量需要根据不同的需求、不同的用途来进行配比。

（三）木质素

木质素质地脆弱，化学性质比较活泼。木质素最容易氧化，尤其在光照、高温或酸碱的影响下，氧化更为迅速。

木质素是一种光敏性材料，如果在造纸过程中不慎留在了纸浆中，造出的纸会变得对光敏感，甚至有的纸张在经过长时间的光照之后变色，而这些颜色取决于具体木质素的种类。

研究表明，如果纸张中含有较多的木质素，即使在最佳保存状态下对这些纸张进行保存，最多也只能保存不到两百年的时间。因此，木质素是另一个影响纸张稳定性和耐久性的重要因素。

由上可见，木质素是破坏纸张耐久性，导致纸张发黄、发脆的主要有害成分。制作高品质的纸张或耐久性好的纸张，要求木质素含量越少越好。

（四）水解

水解是让纸张改变其原有理化性质的重要因素之一，主要使纸张变质，从而影响纸张原本的性能。一旦纤维素发生水解，纸张很快地就会改变原有的形态，遭到破损。水解的原理就是破坏纤维素的分子结构。前文已经提到过纤维素是一种高分子化合物，水解的过程就是分解这一高分子化合物的过程。水解对于纸张的损坏，主要体现在以下方面。

1.纸张发黄并开裂。水解不仅会改变作为纸张主要成分的纤维素，而且会消耗纸张中的水，使纸张开裂、发黄、易碎。某些酸度较高的纸质文档在保存一定时间后虽然可能会保持完整，但是纸张十分易碎，稍微触摸就会掉下很多碎屑。在国外，这种现象被称为"纸张自毁"。

纸张水解的过程中最主要的原材料是水，当水的浓度越高时，纸张就越容易发生水解，同时水解的速度也就越快。纤维素的水解过程和其他纤维不太一样。如纤维素的水解和半纤维素以及木质素就不相同，纤维素的水解需要催化剂，大部分呈现酸性。只要是酸都可以对纤维素的水解起到促进催化的作用。化学反应当中，酸作为催化剂不会被消耗，因此，当催化过程快结束时，纤维素的含量较低，而酸的浓度和初始相比并没有发生变化，水解的速度就会加快。表3-11列出纸的pH值与纸的耐折强度损失率的关系。

表3-11 含酸量不同的纸耐折强度损失率

纸张的pH值	耐折强度损失率（%）
4	100
5	25
7	5
7.5	0

2.为破坏纸张的其他途径打开缺口。可以导致纸张变质的主要破坏途径有三大类，除水解外，还有氧化及交联。水解反应的发生，为另外两大破坏反应打开了缺口，一系列破坏纸张变质的反应会随纤维素的水解接踵而来。

研究表明，除了有酸作为纤维素的催化剂之外，纸本身其实也是存在着酸碱度的。如果纸本身偏酸性，在空气湿润的环境当中，这些纸就容易发生水解，从而导致纤维素键的断裂。更严重的情况下，纸质的文献会褪色，酸性越强的情况下，这种反应就越激烈。

（五）纸张pH值与纸张寿命。

碱性纸耐酸侵蚀，但由于纤维素处于高碱性的条件下氧化分解的速度也会大大加快，因此强碱性并不完全利于延长纸的使用寿命。对于古籍用纸，强酸和强碱对纸的耐久性都会造成很大的破坏。

鉴于此，许多国家与国际组织都将纸张的 pH 值，以及纸中是否残留适当的碱以抵御酸对纸张的损坏等，作为评价纸张耐久性的主要指标。

1.美国材料与试验协会。美国材料与试验协会将纸张保存性分为 LE-1000、LE-100 及 LE-50 三个等级。

（1）LE-1000：LE-1000 是指纸具有数百年到 1000 年的寿命，这可能是纸的最高预期寿命。它要求纸张使用碱性填料，例如用碳酸钙制造的中性或碱性纸，萃取纸张的 pH 值应在 7.5~10.0 之间。

（2）LE-100：LE-100 是指纸的最高预期寿命可达 100 年左右，它要求纸张为中性纸或碱性纸，萃取纸张的 pH 值在 6.5~7.5 之间。

（3）LE-50：LE-50 是指纸张预期能保存 50 年，寿命中等，萃取纸张的 pH 值不得低于 5.5。

2.我国的相关标准。我国《信息与文献　文献用纸　耐久性要求》尽管没有具体指明耐久纸可能保存的预计年限，但对需长期保存的纸质文献的纸张要求如下：①碱保留量。每 kg 纸中碳酸钙含量不小于 20g；②纸张的卡伯值应小于 5.0；③试样冷水抽提液的 pH 值应在 7.5 ~ 10.0 的范围内。

二、辅料对纸张耐久性的影响

造纸的过程当中，除了植物纤维之外，很多时候需要添加其他的一些原材料以满足对于纸不同用途的需求。这些原材料添加进纸浆之后，就会使纸浆的酸碱度发生改变，这种改变源自两方面的原因。第一，这些原料可能自身就存在着偏酸或者是偏碱性的情况；第二，这些原材料之间可能会发生化学反应，或者是和纸浆发生化学反应，从而影响酸碱度。

19 世纪前我国纸张都是手工制造的。造纸原料主要采自植物纤维，用石灰乳、草木灰水做蒸煮剂将其浸透制成纸浆，抄纸时纸浆放入抄纸槽，搅拌均匀，浸入纸模捞起纸浆即成纸。其他的辅料加入的也非常少，即使会加入一些其他材料，但是基本上对于纸张本身的酸碱性不会造成影响的。由此，中国古籍用纸在当初应是中性或偏碱性（ pH 值在 7.5 ~ 8.5 范围内 ）。当古籍用纸偏碱性的时候，在长期以来的保存过程当中，如果这些古籍遭遇了酸性环境的话，古籍本身所带的碱性，就会与之发生中和反应。这样一来，其也会减缓对古籍的伤害。

清朝的光绪年间，从西方引入了机器设备，从此造纸进入工业化时期。

造纸机器的引入，不仅使造纸时间大大缩短，也促进了当时的人类对于造纸技术的探索。为了产生更大的经济效益，人们把造纸中所使用的胶改为了明矾－松香，这种物质本身就是偏酸的。明矾水解后形成硫酸，这些都是造成纸张主要成分纤维素水解的主要催化剂，使得那个时代的部分纸质文献难以持久保存。

三、中国古纸的酸化

国家古籍保护中心将古籍的损坏分为 11 类，即酸化、老化、霉蚀、粘连、虫蛀、鼠啮、絮化、撕裂、缺损、烬毁与线断等，其中酸化是最普遍的。20 世纪 60 年代以来，古籍酸化不断加剧。

纸张出厂最初的 pH 值并非说明该纸的酸碱度永久如此，纸张的酸碱度是会随周围环境而变化。污浊空气的酸性物质、装具制成材料所释放的酸，甚至纸张老化过程中自身产生的酸等，都会使原来并非酸性的纸张转化为酸性，使原来酸性纸张的 pH 值更低，这种现象就是所谓的酸化。纸张酸化后，其直观表现是纸张机械强度下降、发黄变脆、易裂、易碎，严重时轻轻触摸就可能碎屑遍地。调查显示，国家图书馆收藏古籍的平均 pH 值从 20 世纪 60 年代的 7.0~7.5 已经下降到 6.0~6.5。

绝大多数古籍的纸张，其最初是中性或微碱性的。究其酸化的主要原因或具有共性的原因主要有以下两个方面。

1. 空气中的污染物。空气中的污染物很多都是酸性物质，显然会对纸张造成一些影响。

2. 不良装具促进纸张酸化。有的装具在生产过程中也会偏酸，当这些装具和古籍直接进行接触的时候，就会导致纸张酸化。

古籍在长期保管过程中，其原有的装具（如函套、书盒等）可能损坏而更换为以现代酸性纸（如酸性纸板）制成的装具，酸性纸中的酸就会迁移到与之直接接触的古籍上。除装具外，用酸性纸或现代印刷品（如报纸）接触、覆盖或包裹古籍，都会使酸性物质迁移到古纸上，促进纸张的酸化。

第四节 影响古籍载体寿命的外界因素

纸质文献载体一般具有以下主要特性，极易受潮、易被热损、怕酸、厌氧、易发霉虫蚀、可燃与形体易损等，见表3-12。

表 3-12 纸质文献载体的特性

特性	形成的内因	损坏的外因	危害
易受潮	植物纤维类物质具有吸湿性	高湿环境，水害	纸张强度降低，字迹模糊
热损	植物纤维易被热降解	环境气温在25℃以上	纸张强度降低，纤维素被破坏
惧酸	酸催化纸张主要成分水解；某些色素在酸性环境中不稳定	酸性环境	纸张发黄、脆化，字迹色变或褪色
厌氧	纸张纤维与某些色料易被氧化	氧气及氧化物	纸张机械程度降低、发黄，字迹褪色
发霉虫蚀	植物纤维易招虫与发霉	高温高湿，有虫源等	形体损坏或毁灭
可燃	纸张易燃	火源	形体损坏或毁灭
形体易损	植物纤维薄片易损	人为因素，自然灾难	形体损坏或毁灭

对于文献载体的损坏而言，大多数时候，内因非常关键，能够对于文献载体的损坏起到直接影响。在关注内因的同时，也不能低估外因的伤害。因为内因虽然决定了文献载体的特征，可是一旦有外界伤害，文献载体同样不能得到很好的保存。有的因素是人为因素，而有的因素是自然发生的。有的因素可能短时间内看不到什么严重的变化，而有的因素是在一瞬间就能够对古籍载体造成极大的损伤。表3-13将可能导致纸质文献损坏的主要外界因素分为三大类：自然力、有害生物、人为。

表 3-13 损坏纸质文献的主要外因分类

破坏力	破坏因子	破坏速率	危害
自然力	保存环境、时间	较慢	载体变质
	自然灾害、意外灾祸	瞬间	物理性损坏
有害生物	微生物（霉菌、细菌）侵蚀、虫咬鼠害	较快	物理性损坏及载体变质
人为	过度利用、滥用、管理工作疏忽、处理方法不当、破坏行为	有的较慢，有的瞬间发生	物理性损坏

自然力指的是一些由自然现象或者是自然规律产生的力，并不会随着人类的生产或者运动方式的改变而发生改变。换一种说法，这些力的作用，不是以人的主观作为判断依据，而是存在于客观的自然现象，这些力的产生不能被阻止，人类能做的是对于这些力研究之后，把它们从古籍载体当中合理地去除。自然力可造成载体的质变与物理性损坏。破坏文献载体的自然力主要有两大类。

一、恶劣的保存环境

大多数古籍载体都属于物质材料，不以人施加的外在条件为依据，这些文献载体的寿命除了和自身的属性、自身的质地、自身的材料有关之外和环境也有着莫大的因果联系。环境因素无时无刻影响着文献载体的寿命。[①]

1. 化学作用。即由于环境因素的影响而造成文献载体内在化学成分发生变化。

2. 物理作用。是指由于环境因素的存在而造成文献载体的形变与破裂。

3. 生物作用。是由于环境中的某些因素造成了文献载体的霉变、虫啮或鼠伤。

通常情况下，许多文献载体被破坏的原因并不是单方面的，可能由于化学作用、物理作用或者生物作用当中的两点甚至是三点同时作用而被破坏。

文献的保存环境是收藏与展示文献的相对独立与封闭空间的总称，包

① 丁玉珍.环境污染与文献载体保护 [J].平原大学学报，2005，22（1）：106-107.

括藏品库、展厅、展柜、储藏柜（箱、盒）等空间。根据这些外在的保存环境对于文献资料寿命长短的影响大小，可以将保存环境从小到大进行区分。那些对于文献资料影响较大的被称为大环境，而对文献资料寿命影响较小的称为小环境或者微环境。

二、自然灾害和意外灾祸

由于自然和意外灾害对文献载体造成的损害是瞬间发生的，其中大多数具有破坏性[①]。国际图书馆联合会认为：所有图书馆都必须采取预防措施，以防火灾、洪水、盗窃、发霉和害虫等灾害对文献载体造成破坏，这是因为文献一旦被损坏就需要大量的人力和财力来修缮，与解决问题相比，在问题发生之前进行预防不仅更好，而且更为划算。

---

① 傅白云. 国内外自然灾害文献开发研究综述 [J]. 科技情报开发与经济，2013（11）：156-158.

第四章 保护古籍的基本策略

随着科学技术的发展，人们现在已经可以用很多高科技手段对那些古文化遗产进行保护。在这一过程中，也不能一味地依赖技术手段，还需要从文化遗产的本质特点出发，摸清楚这些文化遗产的整体脉络，并在对它们的保护过程中加入一些科技手段，为我们的文化遗产保护添砖添瓦。随着人们生活水平的提高，使人们对于文化生活的要求也在发生着转变。越来越多的人会主动地学习了解，并且深入文化研究，对于整个社会来说是一个非常好的现象。因此，当前最需要做的就是从根本上对文化遗产进行保护预防，防止它们受到二次伤害，对于大众对文化遗产的高涨热情予以正确的引导，从而促进整个文化市场能够得到和谐、持续、良好的发展。

第一节 文献保护的内涵

文献保护是指为保存文献本体而进行的全部活动，其核心是保存文献本体。它包括采取各种措施使文献载体的损害减到最小；抑制其损害并使其处于稳定状态，防止损害进一步发生等。文献遗产的保护活动分为两大类，一类是预防性保护，一类是抢救性保护。

文献的预防性保护，包括对文献原件的维护以及通过转变格式来维护文献的内容，这种保护文献的活动是包含在文献收藏单位的日常与文献相关活动中的。对文献的预防性保护是为了在藏品完好时采取措施来防止自然和人为损坏的发生。因此，预防性保护也称为主动保护。

抢救性保护是在文献已经损坏的现实面前，采取补救措施以保护文献实物，或对其形体结构加以修复，尽可能地使其恢复原状，以保护文献实物的遗存。因此，抢救性保护又常被称为被动性保护。

要有效地保护文献，就需要构建科学完善的文献保护体系，让文献保护活动覆盖到文献生命周期的全过程。表4-1是文献生命周期的全程保护。

表 4-1　文献生命周期的全程保护

全程保护					
被动性保护	主动性保护				
灭菌去霉	环境控制	预防灾害	日常保养	再生性保护	科学管理
杀虫	藏展环境监控	预防人为灾祸	贯穿在与文献相关的各项活动中	仿制（善本再造）	政策指引
脱酸	藏展环境调控			缩微复制	标准规范
	虫霉预防	预防自然灾祸		数字化等	管理制度
修复	装具质量控制				

一、主动性保护

主动性保护是指在藏品完好无损时提前识别会造成藏品损坏的不安全因素，并采取措施防止这些问题发生。任何可以防止和减轻对藏品可能造成损害的措施都在主动性保护的范围之内。

1.环境控制。对于有价值的文献，特别是古籍，载体材料的耐用性无法由其保存单位控制。收集单位有责任尽可能地抑制和延迟古籍损坏。所有可能导致古籍载体的物理和化学特性发生变化的环境因素都必须受到主动保护，并且通过调整古籍收藏的环境使其能够合适且足够稳定。"合适"是指环境的温度、湿度、光线和空气质量都符合古籍载体的长期存储要求，"稳定"是指温度和相对湿度要保持在一定的区间内，避免产生大幅度波动。

规范古籍收集和展览的环境既需要合理设计馆库建筑结构和陈列柜，以便于古籍的存储、展览和微环境的控制，也需要对古籍的保存环境进行监管，能够有效保持室内环境的温度和相对湿度在稳定的指标范围内。还应合理选择灯具，使光波、光的热量及强度减少对古籍载体的损害。应监测相关的环境指标，以确保环境处于适合保存古籍的状态，并且发现在何问题都应立即解决，以便可以将其恢复到适当的指标范围。

为了营造一个整洁的展览环境，不仅要净化进入保存环境的空气，还必须对房间墙壁和地板上各种建筑材料、柜架和其他材料的安全性进行测试，并检测可能会导致空气污染的物质，并将其隔绝在藏展环境之外。

环境控制还包括预防有害生物对古籍造成危害，避免将霉变或有虫的古籍和相关物品带入展馆。

2.灾害的预防。灾害对古籍载体的伤害是瞬间的，有些是意料之外的。通过对能够损害古籍的各种灾难的风险进行评估并建立灾害预防系统，可以降低灾害对古籍造成损害的可能性和程度。提高收藏古籍的单位的防灾能力不仅意味着防止灾害对古籍载体造成直接损坏，还意味着减少在救援过程中对古籍载体造成的二次损坏。

3.日常保养。日常保养包括存储和使用期间的维护。不正确的存储和使用方法会直接损坏古籍载体，科学的日常维护可以防止古籍载体受损。日常维护是存在于古籍的收藏单位和古籍藏品相关的一切活动中的。除了在保存和使用过程中防止污染和损坏古籍载体之外，还需要考虑其他因素包括运输过程中的包装和安全性等。防止古籍载体受损的常规维护措施需要对古籍的管理活动进行全面的审查，并且需要了解古籍载体的类型和状况，才能够使不同的藏品得到恰当的维护。

4.再生性保护。再生性保护是指将古籍的内容复制到另一个载体上，以便可以在新的载体上再现原件中的内容。在保护方面，我们通过提供复制文本来降低与原件的直接接触，以减少损坏原件的风险。

为了实现上述目标，不仅需要在使用过程中尽量使用复制的文本，而且还必须对原件的复制过程进行严格的监管，以确保原件在复制过程中安全无损，以此为基础来评估复印技术的优缺点，并制止会损坏原件的复制行为。

5.科学管理。主动性保护是一个综合性的古籍保护项目，应根据灾害预防的思想对古籍的保护技术和保护措施进行指导，并根据各种标准和管理制度有效地预防古籍的损坏。

二、被动性保护

被动性保护是通过消毒与去霉等措施来处理损坏的古籍载体，控制损坏并使文件载体恢复稳定状态或通过修复与脱酸等措施防止损坏进一步扩大。

由于必须要直接在已经受到损害的古籍载体上进行工作，因此，被动性保护本身也可能会损害到古籍载体，必须仔细选择处理方法并在整个处理过程十分小心。《保护的属性》这本书指出，修复本身是一种破坏性的工作，其目的是通过破坏性手段来延长文物的寿命，并且它会改变文物的现状，因此，文物的修复工作必须以扎实的理论作为基础，而且在执行的过程中要保持理性和谨慎的态度。

第二节　古籍保护的基本方针与策略

《国务院办公厅关于进一步加强古籍保护工作的意见》中指出，古籍保护要贯彻"保护为主、抢救第一、合理利用、加强管理"的基本方针。需要说明的是这里提出的保护指的是在古籍还未损坏，或者是损坏程度较小的时候对其进行的保护，是为了防止其发生二次伤害的主动性保护。而抢救则是古籍已经受到了很大程度的伤害。这个时候需要对它再进行最后的挽留措施，所以这是一种被动性的保护。

一、古籍保护的基本方针

"保护为主、抢救第一、合理利用、加强管理"的方针具有两层含义：一是保护古籍是第一位的，利用古籍是以保护为前提的，是在合理范围内的利用，是有限制的利用；二是在继续强调抢救性保护的同时，逐步加强预防性保护。

1.有效保护，合理利用。古籍与普通文献不同，是不可再生的文化遗产。古籍具有文献、艺术、叙述等重要价值，因此保存其原本是第一要务。如果不加以保存，就没有办法将古籍继续传承下去，但拒绝使用将失去保存古籍的意义。因此，为了正确处理旧书的保存和使用之间的关系，就必须采取"有效保护，合理利用"的原则。

"有效保护，合理利用"，即在使用古籍，特别是那些利用率高或价值高的古籍时，应处理长期利益和眼前利益之间的关系。不应该为了个人眼前的利益滥用古籍的原始文本，导致古籍载体过早损坏。因此，就流传于世的古籍珍品而言，原则上讲，应该以收藏为主，通常提供复制品进行利用，而不应直接使用其原版。这些在世代相传中幸存下来的古代书籍可以继续流传下去，并尽可能完整地传承给子孙后代。

2.强调抢救性保护，加强预防性保护。在问题发生之前进行预防，不仅可以减少对古籍载体的损坏，而且还可以避免抢救性保护产生的风险。因此，预防性保护是一种更加积极主动的保护，这是关于国际遗产保护领域关于文化遗产保护发展方向的共识。

就投资于古籍藏品收集保护的所有成本和收益而言，预防性保护是要优于抢救性保护的。尽管预防性保护的成效并不是能够立刻显现出来的，但它比被动保护更具有科学性和前瞻性。虽然预防性保护在前期投资的人力物力成本可能比较高，但对还未损坏的古籍的保护是全方位的，因此，其成本效益低于抢救性保护的成本效益。抢救性保护只针对已经损坏的古籍藏品。因此效果会更明显，但抢救性保护需要付出的代价更高，且已经损坏的古籍藏品不可能会完全恢复原样。[①]

当前，随着我国经济水平的不断提高，文化保护方面也受到了国家的重视。目前已经有越来越多的博物馆、图书馆以及相关的场馆开始行动，加大对于这些古籍文化的保护力度。同时，对于古籍的研究也开展着越来越多的活动。除此之外，古籍收藏单位开展知识讲座、专业化的培训，都是为了加强对于古籍的保护。相关组织提倡广大的市民群众可以以一种更加积极的态度来了解古籍文化、看待古籍文化，并且加入到古籍文化的保护当中去，希望大家能够以一种主动的新姿态来参与到这一项全国性的盛事当中。

但目前，在我国的古籍保护工作中，抢救性保护仍然是主要的工作方针。如果不能及时抢救损坏的古籍，那么无论保护环境多么好，也无法阻止古籍的恶化，已经损坏的古籍载体也无法恢复。

二、古籍保护的基本策略

在"保护为主、抢救第一、合理利用、加强管理"的方针指导下，古籍保护的基本策略可以概括为三点：以防为主，防治结合；分级保护，优先重点；健全制度，加强管理。

---

① 刘家真，廖茹.我国古籍、纸质文物与档案保护比较研究[J].中国图书馆学报，2012（4）：88-99.

（一）以防为主，防治结合

文献保护是指为保存文献原本进行的全部活动，是由主动保护与被动性保护联合构成的无缝体系。主动性保护（防）与被动性保护（治）是相辅相成，缺一不可的。鉴于主动性保护的前瞻性以及被保存的大多数古籍尚未损坏，古籍保护的策略应以防为主、防治结合。

（二）分级保护，优先重点

中华民族五千多年的文明史源远流长。据不完全统计，我国公藏的古籍从宋代到清代共20余万种，版本45～50余万种，此外还有大量古籍散失在民间古籍收藏单位和个人手中。

中华文明上下五千年的历史承载了大量的文化内涵，在这几千年的文明当中，也铸造了非常多极为珍贵的文献资料和古籍资料。对于这些古籍的储存和保护需要引起人们足够的重视。当前我们国家虽然有许多收藏古籍的单位，可是这些单位由于地理位置或者是其他因素的影响，工作条件以及保护措施是不尽相同的。有些古籍保护单位的储存条件很差，要提高古籍保护力度，就需要从这些单位入手，规范它们的储存措施，再对其进行统一化的管理，期望实现对古籍更好的保护。以前国家发展得比较缓慢，我们往往优先保护那些最为珍贵的资料，随着国家实力的增强，我们应该把眼光放在那些以前很少关注到的古籍上面去，对它们也实施相应的保护措施。

不仅应该在主动性保护中实行分级保护，在抢救性保护中同样应该进行分级处理。尽管近年来古籍修复人员的短缺有所缓解，但仍然很难满足修复古籍的需求。而分级保护可以基于古籍的珍贵性和损坏的严重程度来进行分级保护，为古籍安排适当水平的修复人员，制订多种不同的古籍修复计划，集中力量和资金根据古籍的受损程度和价值差异来对不同的古籍进行不同程度的修复，使古籍得到有效的保护。

（三）健全制度，加强管理

为了加强对古籍保护的管理，我国建立并逐渐完善了一系列有关古籍保护的政策，例如古籍普查和登记制度、古籍分类保护制度、古籍重点单位保护制度、古籍的修复与利用制度等等。尽管这些政策已经出台，可是在实际工作、实际操作当中有没有得到全面的应用，还不能下定论。由于这些政策出台的时间较短，因此，没有前人的经验可以借鉴，广大工作人员还是需要在日常工作当中专心仔细地琢磨政策，根据不同古籍进行相应的调整，希望对这些古籍实现真正的保护。

第三节　古籍装具特点与要求

古籍装具是存放古籍的专用设备，包括柜、箱、架、盒、夹板、书套、袋、帙等。古籍能够保存千百年，除其自身的材质耐久外，与各种装具对古籍的保护直接有关。装具对古籍的保护作用可以概括为以下几点：①保护古籍免受磨损或折损等外力的损伤；②密闭且阻光的装具可阻挡灰尘、污染物以及光对古籍的损伤，有的还具有一定的驱虫功能；③为古籍提供支撑，以利持拿；④避免直接持拿古籍以触碰其形体；⑤能减缓外界温度与相对湿度波动对古籍保存的不利影响；⑥为古籍提供防火、防烟和防水的保护等。

由上可见，无论古籍是在架、利用还是转运过程中，装具都可以为其提供多重保护，古籍装具是保护古籍最价廉的工具。

古籍装具种类较多，只有满足一定要求的装具才可能起到保护古籍的作用。在众多的古籍装具中，只有选配得当才可能充分发挥其作用。

为了便于保护古籍，我国的《档案馆建筑设计规范》对装具在档案库内的排放位置也有相关规定：档案库内档案装具布置应成行垂直于有窗的墙边，档案装具间的通道应与外墙采光窗相对应，当无窗时，应与管道通风孔开口方向相对应。档案装具排列的各部分尺寸应符合下列规定：①主通道净宽不应小于 1.2m；②两行档案装具间净宽不应小于 0.8m；③档案装具端部与墙的净距离不应小于 0.6m；④档案装具背部与墙的净距离不应小于 0.1m。

一、古籍装具的类型及特点

在古籍保存过程中，人们根据古籍装具所起的作用，通常将古籍装具划分为外装具和内装具两种类型。

（一）古籍外装具

外装具主要包括箱、柜、橱、架等几种形式。外装具最突出的作用是充分利用书库空间，实现立体分层存放古籍。同时外装具还具有防光、防尘、防水功能。现今，古籍的外装具除了传统木制的书箱、书柜、书橱外，还有近现代的箱柜等。从装具内古籍与库内空气的接触面看，外装具可分为封闭式箱柜与开放式柜架；从移动的灵活性看，外装具又分为可移动密集架与固定式柜架。不同类别的外装具各有特点，合理选择与针对性管理有利于古籍的保护。

1.封闭式箱柜与开放式柜架。封闭式箱柜即带盖的箱子和有门的柜子。封闭式的箱柜除了单独使用之外，还可以相互组合形成组合式的箱柜，这种柜子使用起来比较方便，打开之后就能够直接使用，无论怎样排列组合都能够在使用当中给人带来极大的便利。封闭式箱柜的优点不言而喻。因为盖子可以关上，可以有效阻碍灰尘的进入，保存一些容易受潮的物品或者是容易受到灰尘伤害的物品来说非常好。缺点是制造成本高，占据的空间大，单位面积的存储量低。古代封闭式书柜有做成开合式的，如清末宋楼的书柜前后两面、上下左右均有门可开，以便在天气干燥时将前后四扇柜门打开通风，以防古籍受潮。

开放式的柜架从构造上与封闭式的柜子不同，开放式的柜子，大多数有非常多的板层作为分隔，因此比较适合放置古籍等文献资料。我国有相当多的图书馆由于经费问题，古籍大多是直接放置于开放式柜架上的，造成古籍承载积尘并受不良环境影响而黄脆、破损。即使书库环境控制在标准范围内，缺乏内装具的古籍在开放式柜架上也会由于直接接触空气流而易风化。开放式柜架一旦发生虫霉，扩散起来就十分迅速。封闭式箱柜与开放式柜架的特点比较见表4-2。

表4-2 封闭式箱柜与开放式柜架比较

比较	开放式柜架	封闭式箱柜
材料	木材或金属，传统装具主要为木材	
相关装具	书架、密集架	书箱，抽屉式储藏柜，单、双门书柜，单体柜，组合柜
优点	1.便于上架与管理 2.取拿便利 3.造价经济	1.可对古籍进行多层保护，使其不直接暴露于库房环境 2.容易对其微环境进行控制 3.多可上锁，安全性更高 4.紧急情况下（如火灾），有可能减少古籍受损
缺点	1.直接暴露于库房环境，古籍容易受环境影响，如受潮、尘污、光害 2.欠缺安全措施，发生紧急意外事件的概率较高 3.一旦发生虫霉，扩散迅速	1.价格较高 2.清查或提取古籍时不太便利

2.可移动式密集架与固定式柜架。可移动与可以被搬动是不一样的。可移动式意味着可以将柜架灵活地移近或移开，以节省空间并方便古籍的存取。传统的古书设备无法实现此目的，因此，必须在柜子之间留出较大的空间以方便进行古籍的管理。可移动的密集型柜架可以沿着放置在地板上的小导轨线性移动，并且可以根据需要将多个架柜靠近在一起或分开。它分为两种类型，手动和电动，手动又分为手动和手推，还可以将固定通道变成机动通道，这增加了储存仓库单位面积内的古书的存储容量，但也增加了仓库地面的承重能力。可移动书架多为金属结构并可以与智能系统结合使用，以实现对古代书籍的现代管理。固定式柜架与可移动密集架的特点比较见表4-3。

表4-3 固定式柜架与可移动密集架比较

比较	固定式柜架	可移动密集架
材料	木材或金属	多为金属材质
共同点	均具有开放式与封闭式两大类	
优点	便于查点与提取	1.节省空间 2.便于现代化管理
缺点	不灵活，占用空间大	1.若防锈处理不当，可能会损坏纸张 2.防震不力会造成古籍在架内碰撞及震动

（二）古籍内装具

内装具其实是直接接触古籍对其实现包裹和保护的一种装具。即通过构建密闭环境对于古籍实现的一种保护，区别于古籍载体。从对古籍保护的方向性，将内装具称为对古籍的微环境保护，和大环境保护是相对的一组概念。微环境的保护，对于古籍而言至关重要。空气中的颗粒物、湿度、温度以及酸碱度对于古籍都会造成不同程度的伤害，如果有了微环境保护，就可以阻断空气当中的颗粒物以及其他的一些物质，对古籍实现物理上的阻断。除了阻断化学反应之外，物理上也能够对古籍起到一些保护作用。如有的内装具使用比较坚硬的材质制成，在古籍搬运的过程当中能够避免压痕或者是折痕。不仅如此，在内装具上还可以记录一些文字，写上古籍的相关记录，如书籍名称、作者、成书年代、版本等等。这些基本信息能够帮助学习研究者快速识别古籍身份。

与外部装具不同的是，我国古籍的内部装具主要使用传统形式，例如套、夹板和盒子等。而在国外，古籍装具的形式和材料已被更改为使用其他更安全、更容易制造、更便宜且更容易获得的形式。

1.传统内装具。传统的内装具是基于古代内装具的传承，是专门为古籍准备的，其中大多数是古籍的重要组成部分。除了保护古籍不受损坏之外还代表着古籍所有者的社会地位。

（1）帙：叶德辉说"何谓帙，卷轴在内，帙在外，如人之衣服，故谓之书衣"。帙是用于书籍整理的布袋，有单层与双层两种不同的分类，也称为"布包袱"。当时，它不仅是防止纸张直接磨损的工具，还是用于多卷书本集中分类的管理工具。在古代，书衣大多由丝绸、布料、绢等材料制成，并且它的质料也有两种：纸和丝绸，其中纸主要是皮纸和竹纸。

（2）函套：函套又称书套。函套以硬纸板或木板为里层，外面裱糊锦缎或棉布，折叠起来围绕书之四周呈立体形状，并设有绊带、别子以便固定。

函套的形式多种多样，折叠围绕包裹书籍四面，仅露出书籍上下两端者称为"四合套"；如连书籍上下两端皆包裹者，称"六合套"；也有在六合套开启处挖成月牙形、云头形、万字形，则谓之为"月牙套""云形套""万字套"等。开合处较为紧密，因此既坚牢又美观。

函套的主要功能是保持书本平整。其中四合套的天头和地脚是裸露出来的，这不利于防止光线的照射和空气污染。而六合套将书本密封在盒子中，以便能够全方位地保护书籍，但它的通风性能不好。生产和制作时使用的大量糨糊和纸板等物品，十分容易引发虫蛀和霉变，因此，使用函套时应注意害虫，且不适用于无法控制温度和相对湿度较高的环境。有人发现四合套比六合套更透气，由高丽纸布覆盖两端并包裹起来，透气轻便，也可以解决函套的一些问题。

尽管函套对于古籍而言起到一定的保护作用，尤其是能够保持书本的平整。可是在长期的使用过程当中，人们也发现函套的不方便之处，例如，当取用过程比较频繁时，会和书籍本身发生摩擦，对纸张造成损害。书籍在使用过程中可能会发生一些物理变化，如果长期使用会使书籍变厚，原本的函套也就不再适用，要对书的尺寸进行调整是不太可能的，因此，就需要大费周章再定制一套函套，这也是不方便之处。

（3）夹板：夹板简称木夹板、书板，硬质木料制作，其主要功能是固定书册。夹板常见形式有平板式、穿带式等。

在中国台湾，也有夹板不用木材而采用塑料板简制而成，但塑料易变形不如木材好。木材并非护书的理想工具，若其原材料含水量过大就易开裂，还有生虫与渗油等问题（更多木材相关问题见以下部分）。若仅用夹板，书的四周是裸露在外的，达不到全面护书的目的。

（4）木匣：木匣是将木板做成匣状，五面密合，留一端可以开闭，将书置其中，使其避光、避尘并缓解外界温湿度波动对书的损坏，避免表面摩擦碰撞。为了护书，古人还有另做上下两片夹板并将其置于书的上下，再连同夹板置于匣内。

2. 现代内装具。古籍的现代内装具，主要选用新材料与新工艺制作。这种器具十分优良，在材料上比之前提到的几种更加环保安全，同时在制作工艺当中也引进了西方的一些技术，制造出来的器具更加精美也更为适用。

包书夹又称四折翼保护书套，可以四折翼方式保护书籍、杂志等立体文献，制作材料除 E-Flute 型瓦楞纸板外，也有用无酸档案夹板、聚酯片等制作。包书夹严格地按照古籍的尺寸制作，能够对古籍实行更加精准的保护。对于空气当中的颗粒物、一些酸碱性的物质、油渍或者是水等都可以隔离，同时也阻碍了虫卵在其上孵化和繁衍。

二、古籍装具的基本要求

为了保证古籍装具能切实地实现对于古籍的保护，所以在制作工艺、选材以及结构上进行了相应的规范。以下就对这些规范做一个简单的讲述。

（一）古籍装具的共性要求

无论是内装具还是外装具，都要求有利于古籍的长期保存及便于书籍取拿。同时，根据我们国家的相关要求，还要求这些古籍装具具有安全性，以及经济实用性。

1. 装具用材应对藏品无损。不管是内装具还是外装具，作用都是对古籍进行保护，只不过内装具直接接触古籍，外装具间接接触古籍，都和古籍有一定的关系，因此，对于这些装具的取材要严格要求。其中最为关键的就是这些材料不能对古籍有所损害。在选材上，除了要注重经济性和实用性之外，更为重要的就是这些材料不能和古籍发生化学反应，同时也不能对古籍造成物理伤害。

很少有装具用材是完全符合以上要求的，表4-4列出了装具板材的主要特点。可以发现，十全十美的用材是没有的，但通过严格的处理可以使某些用材达到保护古籍的要求。

表 4-4　古籍装具板材的特点比较

材质	木质材质	金属	纸类
优点	1. 绝缘体 2. 微调温度与湿度 3. 易被加工	1. 无有害气体释放 2. 不招虫霉 3. 阻燃 4. 可与现代化技术结合	1. 透气性较好 2. 微调温度与湿度 3. 容易制作 4. 价格便宜
缺点	1. 易遭生物危害 2. 易燃 3. 缓释有害气体 4. 易腐朽	1. 无微调温度与相对湿度的能力 2. 易生锈 3. 笨重 4. 非绝缘体 5. 传热快	1. 易遭生物危害 2. 易燃 3. 碱性纸不宜接触照片、蓝图及部分染料 4. 酸性纸会造成古籍纸张水解 5. 其耐久性与纸质有关

2. 结构牢固、启用方便。内装具和外装具归根结底都是对古籍起到一个保护的作用。可是如果在保护的过程中，不方便古籍取用，也是不太合适的。因此，在装具制定的过程中，还要考虑到是否符合取用的标准，以

及取用的过程中是否会对古籍造成伤害。

古籍的内装具和外装具都需要考虑结构是否坚固的问题。如果装具的结构有缺陷或者不够坚固，可能会对古籍造成不可预料的伤害。对于外装具而言，更换装具的次数如果太过频繁，不仅会增加古籍保护的成本，古籍损坏的风险也会加大。内装具的选择需要考虑材料与结构是否坚固且耐用。例如，之前我国使用过质量较差的纸质函套，但这些函套由于强度低且无法对古籍形成有效的保护而逐渐被放弃。

3. 木质装具与其他内装具入库使用前必须进行杀虫灭菌处理。以上分析可以看出，一些昆虫对于古籍的伤害非常大。在制作木质装置的时候就要格外注意这个问题，有一些虫卵会附着在木材上。因此，在制作完成后需要有一个杀虫的过程。如果制作完成后，没有及时进行杀虫，当这些装具进入仓库之后，昆虫会生长繁衍，给古籍带来生物危害。对于非金属装具，可考虑采用绝氧法或熏蒸消毒法，特别是木制品不宜采用冷冻杀虫，因为柜架含有诸多不同膨胀系数的材料，冷冻有可能导致柜架变形。

4. 尽量节约空间。在满足稳定性的前提之下，装具的制作同样需要以节省材料为主，这是符合经济适用性原则的。

5. 造价经济，制作简便。除了对极为珍贵的古籍进行严密的保护之外，近年来，由于国家的发展，人们对文化内涵的研究也越来越广泛，对于以前不曾受到重视的那些普通古籍，也应该制定相应的保护措施。可以制作造价相对低廉的书架对这些古籍进行保护，尽管在造价上要求比较低，但也要符合一定的标准，至少做到不能损害这些古籍。

除了上述的共性之外，如果还具备一定的防火、防水、抗震等防灾功能，那么这将更进一步地帮助保护古籍。例如，在古籍的内装具的表层采用防水的材料，这可以在有水害的环境中延迟水汽渗入内盒的时间，为抢救古籍争取到宝贵的时间。而一些樟脑木柜外层涂有防火的涂料，可以在有限时间内延缓古籍被烧毁的风险。某些柜子的底部装有滑轮，这样做有利于在发生灾难时可以快速转移古籍。尽管这类装具的成本比普通装具高，但它仍适用于珍贵的古籍，使古籍可以更好地分级保护。

（二）古籍装具结构与制作工艺

装具的结构是与其使用功能相关的，内外装具分别有不同需求。

1. 内装具。内装具是为古籍个体配置的，其主要目的有二。

第一，固定古籍。内装具是直接和古籍接触的一类装具，因此，其结构必须按照不同的古籍尺寸进行相应的制定和调整，从而保证古籍在运输的过程中，不会因为装具尺寸的不合适，受到不必要的物理损害。同时，这些装具因为直接和古籍接触，对于其本身材料质地的要求也非常高。需要根据不同古籍纸质的要求进行定制。

第二，封闭严紧。除了尺寸和材料要比较适宜之外，内装具还应具有的一大特点，就是具有较好的封闭性。古籍在保存过程当中，很容易受到湿度、温度以及空气当中酸碱性物质的影响。如果装具没有很好的密封性，空气当中的一些物质就会对古籍造成很严重的伤害。

2. 外装具。外装具是用来盛放内装具或直接安放古籍的，其大小规格取决于内装具，既要考虑节约空间也不得造成古籍在柜架内的挤压。同时，外装具的负载能力应保证它能承受一定负荷，对于放置珍贵古籍的外装具最好具有防灾功能。为了防范水害，外装具底板距离地面的高度设计应大于 200mm，书箱要放置在托架上，书柜最下面一层宜空置。

为了便于存取，外装具的高度应与人体基本活动尺度相匹配，给人管理古籍留下适宜的空间。例如有的同行认为，木质柜架以 2m 高、1m 宽、0.7m 厚，上截 2 层、下截 3 层的形制最为合用。为了保护文献，将紧急状况下的危险减到最少，书架的高度应不超过 215cm 为好。

中华人民共和国档案行业标准《档案装具》指出：抽屉阻挡装置应坚固，抽屉运动应灵活，噪音不大于 40dB。做工要求精细，不得出现有毛茬不光滑，更不能出现柜门密封不严，导致日后变形。

三、古籍装具原材料特点与要求

制作古籍装具的原材料主要有木材、金属材料、纸板与纸张、胶粘剂、蜡等。不同的材料自身属性不同，可以运用于不同的器具制造。古籍的保存是一项较为特殊的工作，因此，在选用材料的时候需要根据古籍本身的特点以及材料进行相应的选择，从而避免对古籍造成不必要的损坏。

（一）木材

木材作为最普遍使用的装具用材，其自身是具有一定的优良性的。例如，木材可以吸收和释放湿气，从而阻绝空气当中的水分进入到书籍当中，对书籍造成不良的影响。木制器具在维持书籍周围湿度平衡上做出了非常大的贡献。尽管木材有这方面的优点，但是这种优点并不明显，因为木材吸收和释放湿气的功能并不是其主要的功能。单凭木制的器具是不足以使得整个场馆一直维持湿度平衡。

除了温度和湿度之外，昆虫的影响对于书籍的保存也非常重要。古代科技尚不发达，人们也未能认识到如何采用化学方式抑制昆虫的生长和繁衍，所以只能从大自然中寻找答案。经过长期的生活实践发现在自然中有一些植物释放的一些特殊香气，能够驱赶蚊虫。例如檀木、杉木、银杏木等。这些木材成为了古代人民用来制作装具的最优良材料。可是随着现代化的发展，森林资源越来越匮乏，采用大量的木材做装具不太现实，因此在现代，人们更多地采用人工合成的材料取代木材来制作装具。

1. 木质装具存在的隐患。木材除了有着一定的优良性能之外，也有很多弊端，因此，不能说木材就是制作装具的最好的材料。

第一，缓慢释放有害气体与油脂。相关研究已经证实，大多数的木材是中性或酸性，只有极少数的木材呈碱性。上文已经提到，酸性物质可能对古籍造成致命的伤害。会使古籍当中的纤维素发生断裂，从而使古籍褪色、变色，甚至纸张本身也出现不同程度的化学损伤。采用木材制作器具，还会向空气中释放酸性气体，反过来又作用于古籍，木材在一定程度上讲，并不是最佳的制作器具的原材料。

表4-5与表4-6列出了某些树种的不同酸性及酸碱值。

表 4-5　不同树种的酸性

酸性低的木材	云杉、白杨、桦木、桃花心木、胡桃木
酸性高的木材	桧木（红桧与扁柏）、松科、壳斗科

表 4-6　某些树种的酸碱值

树种	樟木	桃花心木	泡桐	桧木	橡木	红桧	柳杉	美国铁杉
酸碱值（pH）	4.49	5.50	6.70	5.90	4.25	4.35	5.20	5.55

美国的相关研究认为，木材向周围的环境释放酸性气体并不是某一段时间的行为，而是一个长期的行为，这种行为从木材制成器具开始就发生着，一直到器具被转移或者被完全毁坏。我国台湾学者指出：用木头制成的书架，从安全性上讲并不可靠。木材如果本身就能够释放酸性气体，这些气体反过来作用于图书，就会对图书造成伤害。一些特殊的木材在放置过程中会发出挥发性的气体。这些气体有时候带有一些颜色，附着在古籍之上基本不能够清除，这也是一方面的伤害。

此外，木材还有树脂量高的问题，有的树种还具有较高色素，均有可能污染古籍。

第二，装具变形。在正常的情况下，木材本身会含有一定量的水分，所以需要在制造家具之前先进行干燥，使家具材料的水分含量与该地区大气的平均水分含量一致。如果木材尚未完全干燥或加工工艺不科学，则木质装具在一段时间内可能会出现裂纹和变形。在某些情况下，从南方来的定制的装具被运往北方使用，并且在制作时由于不考虑两个地方之间空气中平均水分含量的差异，装具就会发生变形之类的问题。以上木制装具中的大多数问题都是不容易被发现的，只有专业的木材水分含量测试才能降低装具变形和开裂的风险。

除以上问题外，我国古籍木质装具用材多选用楠木、樟木、红木、紫檀木、楸木、杉木、影子木、樟木、桐木、红松、梓木、花梨木以及黑檀等。其中，许多种木材都属于国家保护级的树种，因此，在取材上也是存在着一定的限制。专家指出，选用木材作为制作器具的原料，一方面是因为木材比较容易取得，还有一方面就是木材具有一定的调节湿度的作用。因此，只要能够找到可以取代木材这些优良性能的材料，其实用不用木材作为材料已经没那么重要了。

第三，木质柜架容易发霉。当木材的含水量超过一定限度时，就容易滋生霉菌，从而对书籍造成严重的伤害。

2. 木质装具的用材选择。如果说一定要用木材制作器具的话，需要遵循以下问题。

（1）树种选择：首先，器具作为保护书籍及其附着物的工具，最重要的就是承担了保护的责任。因此，制作器具需要那些硬度比较高同时不易变形的树种，这些树种在物理性质上应该具备相应的性能。其次，树木本身就是植物，它们的成分大多数也是一些高分子化合物，时常含有化学物质，例如树脂、酸或者是色素。很多化学物质都会对书籍造成不可挽回的影响，因此，在选择树种，应该避免这些物质含量较高的树种，从根本上杜绝因为树种中所含有的化学物质对古籍造成伤害。

（2）控制木材含水率：木材含水率要求是木质装具质量中至关重要的指标。由于我国南北方气候的差异，不同地区降水程度不同，树木本身含水量也有很大差距。即使是在一个地区，木材含水率在雨季和旱季、冬季和夏季也有较大变化。为保证装具质量，应按照国家标准控制其含水率，避免装具日后变形或开裂。《木家具通用技术条件》对木材的质量要求是：木材含水率应不高于产品加工所在地区的年平均木材平衡含水率。收藏单位在订购产品时，对木材含水率另有要求者应在订货合同中明示。

（3）取材位置：树种选定后，取材位置也很重要。要选择精品，不能选择有疤、疖子或者拧花纹、白边的木材，最好是地皮以上 1m 之上，五花头以下 1m 之间的木材，能够保证木性、纹理一致。选用木材应无虫蛀，不得选用腐朽、节疤（该位置容易出油）、变色、虫眼、髓芯等。为避免木质装具带来的污染，装具内部不得刷漆或上蜡。

3. 木材的酸性去除。木材可以通过处理以改善酸性成分的溢出，但并不是所有的处理都是有效的，有的还有可能带来新的危害。

（二）金属材料

采用金属材料制作出的装具一般透气性比较差。在一定程度上，这是保护古籍很重要的一点，透气性差意味着古籍不会和外界接触，从而能够起到很好的保护作用。但是对于这些器具来说，当空气湿度发生较大变化的时候，可能会对金属材料产生一些影响。例如，会有水珠附着在金属材料之上，水中的化学物质和金属材料发生化学反应。这样一来，会产生其他化学物质，从而使金属材料制作的器具产生损害。另一方面，如果这些金属经常接触到酸碱性物质就会生锈，和放置金属器具的木架发生反应。化学反应有的吸热，有的散热。金属材料在发生散热的化学反应时会释放能量，从而导致整个金属器具的温度升高，这对于古籍保护也是非常不利的。尽管金属材料有着其独特的性能，但不注意取材也会对古籍造成伤害。

上表4-4列举出金属材质制作装具的很多优点，这些都是木材无法具备的。因此，以金属材料制作的密集架被广泛用于古籍及文物的外装具。关键问题在于如何规避金属材料风险，通过对金属材料进行处理来消除以上问题的发生。

1.金属材料的表面防护处理。为避免金属锈蚀与划伤藏品，金属柜架必须涂烤上亮漆（或电镀铝），使其表面应坚硬且光滑。

国际标准要求，金属材料制作的装具不应具有尖锐的边缘与棱角，不应有任何可能损伤文献载体的突出物。防锈处理的材料应不易燃烧与挥发有害气体；即使遭遇火灾，其涂料也不会分解出对藏品有害的物质，如酸性气体。专家建议，应选用喷、烤漆等上漆技术处理金属密集架，其涂料以聚酯—环氧树脂类为标准，不含硝化纤维素涂装材料等美国国家档案馆禁用的材料。例如，中国台湾文学馆的典藏全部采用金属柜架以防虫与酸性气体，其柜架表层全部采用粉底烤漆。

2.其他要求。为了防止金属材料制作完成后，会释放一些气体对古籍造成伤害，所以在金属材料器具制作完成之后，需要先置于通风处，放置一段时间才可以投入使用。

古籍不宜直接接触金属装具，最好在金属搁板上放置无酸纸板或麻布后再放古籍。如果书籍摆放特别密集的话，也是要额外注意的，因为在这种条件下，极容易出现意外，所以针对这种情况更需要严格地按照规定来进行相应的举措。

（三）纸及纸板

古籍内装具材料多涉及纸板，这些纸板有的时候不光用来包装古籍，同时还可能是用于覆盖古籍的材料。这些材料直接和古籍接触，对于它们的要求也十分高。首先要求这些材料的酸碱值，避免他们的酸碱度过酸，对古籍造成伤害。

中性纸与碱性纸均称为无酸纸，但碱性纸不同于中性纸，中性纸的pH值为7，而碱性纸pH值为7以上，一般为8.5左右。中性纸更适于保存对碱性敏感的文物，例如照片或含有蛋白质成分的文物。新型纸质装具大多采用无酸纸衍生材料制作，见表4-7。

表 4-7 无酸纸的衍生物与作用

无酸纸衍生物	特点与作用
无酸隔页纸	薄纸，用来隔开或包装古籍或文物
无酸纸板	其厚度与名片或卡纸板相似，制作保护盒或盒底支撑
无酸瓦楞纸板	结构较密实，制作保护盒，框裱中的衬板
无酸卡纸板	制作保护盒或夹裱的材料
蜂巢状纸板	结构强固且轻盈的纸板，制作夹裱的衬板或保护盒

《档案装具》建议：纸类装具应用无酸纸和无酸纸板，pH 值 ≥ 7.5。

（四）其他材料

1. 织物。国家图书馆张平先生提出：函套使用织物宜选用仿宋锦和棉布，不要使用化纤类织物，另外，织物的颜色要求稳定，以防织物掉色污染古籍。

文物部门在采购囊匣及布袋的公告中指出：一、二级文物囊匣外表选用宋锦，三级文物囊匣外表选用深蓝色的纯棉布，纯棉布每平方米重量应为 150g 及以上，纱支密度为 20 × 20S，经纬密度为 68 × 52（经 × 纬，单位为英寸）。布套或裹布应使用纯棉布。对棉花的要求是：新疆一级纯天然优质棉花（消毒后使用）。

2. 胶黏剂。制作古籍装具常用的黏合剂为胶和糨糊。胶是用来粘接木质装具，建议使用动物胶。文物部门也有使用聚乙烯醇胶粘贴，聚乙烯醇（PVA）为环保胶黏剂，该胶的优点是绿色环保且可有效防虫蛀、虫咬。

3. 蜡。大多数情况下，蜡是用来涂木质装具最外边一层的。这样做有两个好处，第一可以防止木质装具受潮；第二可以起到很好的装饰作用。

四、古籍装具配置的基本原则

古籍装具的配置需要考虑多种因素。

1. 内装具需与古籍的级次相匹配。内装具从取材到定制工艺上分为很多种，因此，在选择内装具的时候一定要先了解古籍的特点，只有先弄清楚古籍的尺寸和古籍的材料之后，才能够对装具的材料及尺寸做一个准确的规范。同时不同的材料、不同的制作工艺、不同的制作方式，对于装具的造价也有很大的影响。将这些古籍按照珍贵程度进行分类，越珍贵的古籍需要对其格外的保护，选用造价相对贵的装具，对于那些普通古籍可以采用造价相对较低的装具进行保护。

2. 内装具的选用需要考虑环境因素。这里的环境因素既指收藏单位所在地的自然环境，也指可调控的保存环境。若书库可以稳定在标准规范指定的环境指标，全密闭的内装具更适于古籍保护，特别是空调系统带来的空气流动，非常需要密闭的装具以减缓气流对书籍的风化。

首先要考虑整个书库的环境，只有将书籍保存在一个合适环境当中的时候，书籍才能够不受到损伤而长久地保存下来。由于我国地理面积非常大，气候不尽相同，在一些特别的地区，气候会对书库环境造成无法改变的影响。例如在南方地区，尽管对于这些书籍进行高规格的保护，可是有时候还是会发生一些意外的风险，病虫害就是其中之一。对于风沙较大的北方，全密闭的装具十分必要。无论在任何环境下，将大量古籍裸放在书架上都是不可取的。再如西北地区，常年发生沙尘暴，因此，这一地区空气中的颗粒物含量非常高，对器具密封性的要求也就更高。

3. 外装具的选用需要考虑库房空间及古籍数量。为了尽量发挥空调设备的作用，在有限的可调控空间内收存更多的古籍，首选的就是密集架。若需要收存的古籍量不大，或不需要考虑发挥空调书库的空间作用，或是有足够的经济基础并考虑到其他因素(如文化氛围等)，可以使用木制柜架。

4. 经济能力。不同地区不同藏馆的经济实力也是不同的，针对这种情况需要藏馆做好财务规划，在有限的经济条件下合理配置，以达到经济效益最大化，实现对于书籍的保护。

第五章 古籍修复的技术操作

　　材料、工具和设备的完备是修复古籍的重要条件。我国早期的记述工艺作品《周礼·考工记》提道："天有时，地有气，材有美，工有巧。合此四者，然后可为良。"孔子的《论语·卫灵公》中说："工欲善其事，必先利其器。"由此可见，战国时期的人，已经将诸如材料、工具放在与工艺技巧一样重要的位置。

　　本章按古书修补工作所必需的材料、工具、设备以及基本程序分节加以阐述。

第一节 古籍修复的材料

　　用于修复古籍的常用材料包括纸张、染料、胶水绢、绫、锦、清洗剂、黄纸板与夹板、纸捻钉与丝线等。修复人员对于这些材料的性能也需要有一定的掌握，这样才能在修复古籍的时候更加得心应手。

一、纸张

　　在人类文明的发展历史中，纸张的发明、推广和普及具有重要意义。可是，在不同的历史时期，纸张的生产和组成都有所不同，其用途也有所增加。

　　想要将一本古籍进行修复，首先就要对古籍有一个全面的认识，认识古籍所使用的纸张，也是其中的一个方面。

　　据考证，从两汉到南北朝，主要用麻类纤维造纸。新疆出土的晋愍帝三十六年文书，敦煌石窟的北朝写经，用的都是麻类纸张。晋代还出现过用藤本植物制作的藤纸。南北朝时，北方人开始采用楮树皮造纸（详见《齐民要术》）。隋唐之间，除用楮树皮外，还用檀树、桑树等树皮和海藻造纸。北宋以后，出现用茎秆纤维（竹类、草类）制作的竹纸和草纸。明清以后，造纸的材料和技术变得越来越复杂，纸张的质量也越来越高。宣纸已久负盛名，在造纸技术飞速发展的现代，依旧有着无可替代的优越地位。

要对损坏的古籍进行修复，让它达到一个比较好的状态，首先要对古籍的内容有一定的了解。在对古籍的修复过程当中，比较看重的是修复者的手法以及技巧，但在修复过程中使用到的原料特性也很重要。

现在就从古籍的纸张印刷以及不同版本的古籍特点，做一个详细的介绍。

（一）麻纸

我国古代造纸中使用的麻类主要包括苎麻和大麻。苎麻是我国的特产，在国外被称为中国草。大麻也是我国古老的麻种之一，通常被称为"火麻"，在国外也被称为汉麻。麻纸是由麻纤维制成的纸，以下是较为常见的麻纸品种。

1.白、黄麻纸。古代官方文书中使用的纸张主要是麻纸。根据官阶和文书类别，它分为白麻纸和黄麻纸等，其中最著名的是四川生产的。白麻纸是白色，正面光滑，背面有点粗糙，附有一些草棍、纸屑，其质地坚固耐用。在没有水分的情况下，长时间都不会变质。黄麻纸为淡黄色，性能和白麻纸类似，不同之处在于黄麻纸通常比白麻纸稍厚并且看起来更粗糙。不论是白麻纸还是黄麻纸，纸张图案（也称为帘子图案）都相对较宽，大约有两个手指的宽度，并且有些纸张图案不太清晰。宋代的大部分版印书籍都使用这两种类型的麻纸。金、元两朝初期所用的印刷纸与宋末所用的印刷纸几乎相同。元末刻本的麻纸和宋代麻纸之间没有太大区别，但是纸张的纹理变窄了，只有一指左右的宽度。在明朝初期，麻纸仍被用来印刷书籍。麻纸可以抵御风吹日晒，至今已流传下来的一些宋、元印本在数千年后依然完整如新。

2.麻砂纸。宋代福建省建阳县是刻书的中心，特别是在造纸工业发达的地方。建阳县生产一种名为麻砂纸的麻纸，厚度和韧性与麻纸相似。这种纸印的宋版书，叫作麻沙本。

3. 旱滩坡纸。旱滩坡纸是一种由麻纤维制成的古老纸张，纸张薄且纤维紧密编织。

（二）藤纸

藤纸由藤树皮的长纤维制成，质量高。藤纸制于晋代，在唐代大量生产。

（三）宣纸

唐代安徽宣州府出产了一种优质纸张，地方官员每年都将其奉献给皇室作为"贡品"。根据生产的地名将这种纸叫作宣纸。

宣纸的主要原材料是青檀树皮和稻草。明朝前的宣纸是用 100% 青檀皮制成的，经石灰处理、漂白、制浆和抄造。从清代以来，开始使用植物皮与稻草的混合浆液，所用的材料与全皮、半皮、七皮三草不同。宣纸凭借着其优良的性能得到了王宫贵族们的认可，越来越多的人喜欢上了宣纸，并且开始用宣纸写书画画。我国唐宋的古代书画主要使用宣纸，素有"纸寿千年"之美誉。

宣纸最初属于纯皮棉纸类，由于品类众多而单独介绍。此后，考虑到原材料和成本，随着纸张使用量的增加，制浆时会添加适当的专用沙田草。宣纸按组成有单宣、夹宣、二层夹、三层夹之分，按规格有四尺、五尺、六尺、八尺、丈二、丈六等尺寸，共有六十多种，现就常见的几种分述如下。

1. 罗纹纸。颜色大多数为纯白色，或者是淡黄色，极少部分呈现出其他的颜色。这一类纸最大的特点就是质地非常细腻，从外观看给人非常高贵的感觉。同时历史也非常悠久。考古发现在宋朝的时候罗纹纸就已经被广泛地应用到书籍印刷中。

2. 棉连纸。是宣纸下属的一种。同样也是白色，并且这种白比罗纹纸的白要更加无暇，不含有一丝的杂质。因此，对制作工艺的要求也非常高，不仅对于原材料有着较高的要求，对于劳动者的技术掌握以及制造过程当中的时间把握都有着极高的规范。在当时并不能大范围地投入到生产中去，平民百姓没有资格也没有机会使用到。明末清初年间的一些比较精美的版本使用的就是棉连纸。

3. 玉版宣。颜色为白色，质地细腻且厚，可以很好地吸收水分，但比棉连纸的韧性差一些。

4.单宣。也被称为料半，也是宣纸的品种之一。比玉版宣要薄，颜色白皙，质地匀称细腻，性质绵软，韧性更好，有纵横帘子纹路，可用于印书，非常美观大方。清末至民国初期印刷的大多数书籍都使用这种纸张。

5.十刀头。也就是重单宣，它与单宣相比更厚，吸水量更大。其韧性也很好，可以用来当衬托册页和绫，用作托书也就显得有点厚了。

6.夹连纸。与棉连纸相比略厚，但没有棉连纸柔软。

（四）棉纸

南部将其称为皮纸。是从楮树皮中提取原料制成的纸。这种纸和其他植物纤维制出的纸不太一样。它的柔韧性非常强，同时质地却非常细腻。这在当时引起了非常大的反响。之所以起这个名字，是因为当把这种纸撕裂之后可以看到断裂的地方呈现出棉丝状。在明代初期，这种纸主要用于印刷书籍，而随着社会的发展，书籍的样式发生改变之后，这种纸不再适用于书籍的印刷。

棉纸有以下一些品种。

1.河南棉纸。在河南生产，所以被称为河南棉纸。其特点是带有一定的颜色，并不是呈现纯白色的，并且厚度不太稳定，质地也非常粗糙。

2.贵州棉纸。在贵州生产，所以被称为贵州棉纸。质地比河南棉纸要厚，并且在制作工艺上也要更加优越，同时非常耐用。

3.黑棉纸。颜色比较黑，不适用于书籍的印刷，适合颜色的修补。

4.迁安棉纸。产自河北迁安县，所以以此命名。它通常被称为毛头纸。

5.上海棉纸。质地轻薄且细腻，其他的性能接近于河南棉纸。浙江、安徽等地区的绵纸，由于地理位置上和上海较近，所以统称为上海绵纸。

6.山西棉纸。产于山西，所以以此命名。颜色为灰白色，略厚且有韧性，质地类似于河南棉纸，因为产量高并且性能还不错，具有较高的性价比，常常用于印刷书籍。

7.浙江棉纸。产于浙江，所以以此命名。质地轻薄且富有韧性，和上海棉纸性能相似。

8.蚕茧纸。分为两种颜色，一种是白皙如玉，另一种是略带乳白色。质地最为细腻，同时非常轻薄，在阳光下还可以折射出光芒，由于和丝绸看起来较为接近，所以就有了这个名字。

9. 云母皮纸。纸张光滑且韧性好。比较特别的是，这种纸沾水后非但不会发生水解，反而会变得更加牢固，因此，经常被用于环境比较潮湿的地方。

10. 藏经纸。这种纸是黄褐色的，几乎为茶色。质地厚而硬，略有棉性且不透明。宋、元和明三代的大多数释道经典都使用这类纸张。唐代人曾经用以写佛经，因此得名。现在多用于收藏或者制作书签。

11. 桑皮纸。它质地坚硬，有黄、白两种颜色。由于桑树皮是造纸原料，因此被称为桑皮纸。宋、元和明曾用于印刷书籍，但在传下来的印品中很少见到。

12. 高丽纸。类似于朝鲜印刷书籍所用的纸。高丽纸在河北迁安生产。颜色为白色，纸张厚而结实，有较为明显的直纹。

13. 库笺纸。有白和黄两种颜色，纸质薄厚都有，富有极强的韧性。尺寸都是 67cm×67cm，清宫内多用这种纸包裹东西，在民间并不常见。

14. 册子纸。也称为库钞纸，是棉纸的一种。为了节省纸张，明朝人用写过字的册子印刷书籍。因为这种纸的质量较高，所以印品一直流传到现在。

15. 日本皮纸。也称为东洋纸，它产于日本，有黄、白两色。棉性和韧性较强。这种纸常用于日本。在民国时期也能够看到用这种纸制作出的书籍。

16. 美浓纸。该纸纸面光泽，厚度匀称，绵软且有极强韧性。日本印刷古籍时，这种纸张被广泛使用。

17. 开化纸。南部地区称之"桃花纸"。由于该种纸是在浙江省开化县最早生产的，所以取了这个名字。质地细腻白皙，没有明显的纹路。

18. 开化榜纸。开化榜纸的表面类似于开化纸，但实际上比开化纸更厚，颜色略带青绿色，且质地比开化纸略差。

19. 太史连纸。与开化纸相比略黄，质地细腻匀称，绵软且韧性强。

20. 东昌纸。产自山东东昌府（现为山东西部），因此得名。因为性能比较特殊，纸质特别松软可以吸收较多的水。经常被用在古籍修复当中。

21. 油衫纸。纸张较厚且有韧性，质地柔软耐用，最适合用作书籍封面，无需托裱就很牢固。常用于做古籍修复的保护套。

（五）竹纸

随着社会经济不断发展，促使人们对文化的表达欲望也越来越强烈。单靠以往用麻或者是藤来制作纸张印刷书籍，不再满足人们的需求。在这之后，人们开始寻找更多的原料以实现市场的需求。

早期的竹纸是在东晋时期的会稽（现浙江绍兴）生产的，大书法家王羲之、王献之父子都用竹纸写过字。唐代期间，韶州（现广东省韶关一带）也生产竹纸。它位于五岭南部，气候温暖湿润，竹子生长得迅速且多，非常方便就地取材。起初，技术水平缺乏经验，竹纸质量低下，纸的韧性和强度差，很容易破也不易复原，因此并不普及。到了 11 世纪，竹纸的生产工艺得到了改进，产量逐渐增加，被学者广泛使用。在南宋淳熙时期（1174—1189），竹纸也开始在官方文书中使用。随着竹纸生产的发展，竹林的种植范围也相应扩大。因此，劳动人民想出了一整套方法来进行造林采伐和收集竹子。根据竹子的特点，如老软、干湿、好坏等，分别用于不同目的以充分利用竹子，因此，竹纸的生产将持续很长时间。实际上，一些竹纸材料与其他草纤维一起添加的，可以称之为竹草纸，这是一种茎秆纤维纸。

竹纸也称为"黄纸"，因为它略带黄色，主要包括以下类型。

1.毛边纸。也被称为南毛边，呈米黄色，大多产自福建、浙江、江西。纸张带有较多的毛边，正面比较光滑，而背面由于含有杂质，所以比较粗糙，同时稳定性较差。

2.毛太纸。也被称为南毛太纸，它产于福建、浙江和江西。颜色为浅黄色，性能类似于毛边纸，但纸幅与之相比较小。

3.川连纸。产于四川。颜色稍黄，质地类似于毛太纸，也有白色。这种纸更具韧性，但厚度不匀称，印出的书也不是很漂亮。

4.元书纸。产于浙江富阳、萧山等县，以富阳之大岭、小岭的出品为最佳。

5.梗棒纸。它是元末时期用于印书的一种竹类纸。纸面非常粗糙，同时杂质含量非常高，纸非常厚。

6.赛连纸。产于四川，它薄而匀称。纸页大且没有矾性，最适合粘补黄竹纸书。

7. 玉扣纸。与毛边纸相似。但是这种纸不太适合修复古籍，因为这种纸非常厚不够柔软，但是它更适合用于染色以制成书的封面。

8. 官堆纸。与毛边纸相比略厚，金陵书局过去多用这种纸印书。

9. 连史纸。得此名是因为这种纸产自福建连城。纸质材料薄而耐用，类似于棉连纸，只有韧性略逊于棉连纸。这是用于修补和装饰古籍必不可少的纸，可用作常规装订书的补镶、衬纸或扉页。它特别适合看起来干净漂亮的竹纸书的扉页。但并不适用于做书籍封面。

10. 机制连史纸。又被称为洋连史。这种纸几乎与连史纸相似，颜色要比连史纸略黄。纸的正面比较光滑，适合书写。背面十分粗糙的原因，是由于造纸过程当中掺杂了其他的一些杂质，因此，这种纸也有一定厚度。

11. 洋粉连纸。是机制纸。颜色为灰白色，十分容易断，所以这种纸在实际生产过程中应用得非常少。

12. 山贝纸和本槽纸。产自山东，也属于竹草纸的一种，山贝纸颜色黄，本槽纸颜色白，广东广雅书局"外聚珍本"丛书，大多都用这种纸印刷。

13. 呈文纸。也被称之为隔纸，纸质较厚，正面光滑，背面粗糙，柔软无力。并不适合书写，所以在大多数情况下这种纸并不作为印刷书籍的纸张，而用于古籍修复中，作为一些装饰物存在。

（六）其他

1. 牛皮纸。牛皮纸是由木浆与强韧植物纤维混合制成的纸。颜色大多数呈黄褐色，少部分呈现淡黄色。质地非常坚韧，不容易被撕裂，所以有了这个名字。牛皮纸大多数用来包裹书籍或者用来当垫板。

2. 磁青（或古色）纸。古代书籍的封面通常用宣纸来制作，但是由于宣纸容易损坏，现代不再用宣纸制作封皮。现在经常将纸张进行特殊加工，经过染色，使纸张古色古香，从而制成封皮。

3. 虎皮宣。宣纸像老虎皮一样染成黄色和白色，然后放在相同质地的纸上即可。通常用作书籍封面。

4. 蜡笺纸。蜡笺纸是用韧性强的植物韧皮纤维制成的纸。因为表面比较光滑，并且纸的质地较厚，经常被用于做书的封面。

5. 发笺纸。发笺纸是一种由植物韧皮纤维制成得极好的书籍封面纸。比较特别的是，在制作这种纸的过程中需要添加动物的毛发来增加纸的柔韧性。含大量高分子蛋白质，不能够长期储存，但是可以用来制作书籍的封皮。

6.洒金纸。洒金纸是一种包含真金和真银的贵重纸张。颜色经久不变，可以用作珍贵书籍的封皮或签条纸。

二、染料

总而言之，纸张的选择，包含纸张的颜色、质感、性能和厚度等等，对于修复古籍非常重要。由于自然世界各种因素的不同，历史悠久的古籍纸张通常是古朴老式的色调，书籍封面和包角的颜色和现代书籍也有很大差异。为了在修补时保持原始外观，要尽可能做到"整旧如旧"。特别是在修补稀有古籍时，如果纸张不合适，手稿的样式就会被破坏，精致的古籍将面目全非，既不美观也不和谐。

修复古籍有一种方法是使用旧纸张。利用旧纸的一大好处，就是和旧书能够形成一个比较融洽的整体，但是用旧纸来修复旧书也有它的缺点——容易损坏。大多数旧纸在长期的保存过程当中，会受到不同程度的理化反应，从而影响纸张本身的性质。但是修复古籍的目的是保护和延长其寿命。尽管使用旧纸来修复古籍看起来不错，但并不是很牢固。旧纸是不可再生的资源，并且馆藏极为有限，因此，仅使用如此少量的纸张修复大量古籍是不够的。为了满足修复古籍用纸不断增长的需求，最好使用仿古技术将新纸加工和染成相同颜色的纸，以使其与古籍修复用纸的颜色匹配，又比旧纸坚硬，用于修补古籍不但美观且实用。

用于染制纸的染料不应是化学合成的染料。化学合成染料适用于棉和羊毛织物的染色，不适用于纸的染色。其原因是该染料受到高度化学侵蚀会损坏纸的纤维，并且随着时间的流逝，染色的纸不仅会改变颜色，而且会削弱其牢固度。原始书可能会被损坏，那就因小失大了。

修复古籍时用于纸张染色的染料主要是植物和矿物染料，以下是一些常用的染料。

（一）植物染料

1.藤黄。又称之为月黄、越黄。砍下藤黄树的树皮时，会渗出诸如漆树一样的黄色树脂。这种黄色的树枝干燥之后，会凝结成固体，而这种固体是有毒性的，所以经常被用作药物研究。藤黄具有一定的粘性，所以在用藤黄制作染料时，不需要再额外加胶。可以通过在冷水中浸泡一定时间来溶解，但不能使用热水。对于少量的染色，可以将笔浸入清水中，并在藤黄上涂抹几下，只要掌握好色彩的均匀度就可以，这种方法比较方便。要对大量纸张进行染色时，先将藤黄放在盘子上，用清水进行研磨，然后倒在纱布上过滤。藤黄需要随用随化，当剩余的材料重新入水，染料就会变硬，溶解后变成颗粒状，无法使用。藤黄主要用于染黄色纸张，也可以与赭石、花青、徽墨等混合使用，以制成各种不同颜色的染料。用藤黄和赭石染色的茶褐色纸特别适合修补古籍。

2. 花青。又被称之为"靛青""靛蓝""靛花青""靛青""蓝靛"，它是一种由"蓝蓼草"（属蓼科的草本植物）制成的青色染料。花青在我国很早就被使用，它是我们民间印制蓝色花布的主要染料。在古籍的修补中，最适合为色泽古雅的蓝色书本染色。结合藤黄、徽墨、赭石，就可以得到更多颜色绚烂的染料。

3. 茶叶。属山茶科，其中含有生物碱和茶碱。通常，我们使用浓稠的红茶汁并过滤掉茶叶就能染纸了。

4. 槐黄。它是从豆科乔木槐树的花中提取的黄色染料。它可以用于染偏黄的纸。

5. 栀子黄。一种由茜草科灌木栀子（也称为黄栀子、山栀）的果实制成的黄色染料，可用作棉花、羊毛、丝绸等其他纺织品和纸张的染料。

6. 橡碗子。山毛榉科乔木栎树的果实被称为橡碗子。蒸煮后将煮出的水用于染纸，十分便捷，操作也很简单。但是操作不当，则很长一段时间后很容易渗出并弄脏古籍，从而导致粘上斑点和污点，非常难看，因此，该染料可用于修补善本，稀有的古籍并不适合用这种染料。

7. 糖色。它是一种植物染料。可以将纸染成红糖的颜色，也就是茶色，或者是浅褐色。

（二）矿物染料

1. 土黄。它是一种黄色泥土，是一种在南京钟山生产的矿物颜料，用其浓汁对纸张进行染色，简单美观，气色俱佳。

2. 赭石。它是一种矿物颜料。其主要成分是三氧化二铁（Fe_2O_3），红棕色。它产自多个地区，据传闻在江苏省常熟市虞山黄子久墓旁附近生产的赭石是最好的。赭石是纸张、锦缎和绢镶料染色中的主要颜料。在其中添加藤黄可变为朱红色，在其中加徽墨可变为古铜色，在其中加朱砂可变为老红色。

3. 徽墨。徽墨在我国有着非常悠久的文化历史，因为这里出的墨质地非常好，所以得到了很多文人墨客的追捧。徽墨是我国悠久的制墨历史中的精品。所用原料包括桐油烟、猪油烟，加广胶、麝香、冰片、梅片、金箔等成分。用徽墨稍加藤黄、赭石就可以变成淡灰色。

4. 朱砂。又称为辰砂、丹砂。硫化汞（HgS）为主要成分，其颜色为红褐色，色彩绮丽，明艳夺目。它在云、贵、川等地区生产。朱砂经常用于古籍的修补，通常情况下会将朱砂配以其他的色素对纸张进行渲染，从而修补不太清晰的印章。

三、胶水

对古籍进行修复的过程，除了要使用到纸张之外，还需要对纸张进行连接，这时就需要搭配胶水使用。古籍相对于其他文物而言较为特殊，在修复过程中也有相应的要求规范，其中胶水的配置就有着严格的要求。首先胶水的质量一定要好，并且不能够和古籍中的纸张发生化学反应或者是物理反应，防止对古籍造成损伤。其次胶水要根据不同的古籍、不同的纸张进行配比。

鱼鳔胶黏性较强，但是因为有非常大的腥臭味，所以不太适合用于古籍修复。驴皮胶和鹿胶都是贵重的中药材，首先从价格上就限制了它们的广泛应用，也不是染制纸张常用的材料。在实际操作当中，常用牛皮胶来充当胶水进行纸的染制。

骨胶是用动物的骨头熬制提炼而成，颜色深褐，做胶水时，只可利用其上层清头。开水冲泡后用小棒轻轻搅动，使骨胶化开。也可在用时把它浸溶在30℃的温水中，然后隔水炖化，这样不致烧干、烧焦。骨胶在大热天容易腐败，腐败的骨胶丧失黏性，不可再用。

牛皮胶以广东的产品最为有名。广东的牛皮胶质醇厚没有杂质，同时价格也非常低，因此受到很多人的喜爱，常常拿来作为染纸使用的胶水。

胶水的作用是添加在染色水中。从而可以让染色的水更加均匀、透彻。将这种混合的水染在纸上之后，纸就会变得更有柔韧性，这也是为什么在胶水的选择上需要下很多功夫。

四、糨糊

糨糊是修复古籍必不可少的黏合材料。糨糊的品质直接影响书籍的修补质量，因此，古籍修补的糨糊必须具有一定黏度却不会导致纸张产生"暴性"反应。如果糨糊的黏度太低，则黏合效果将在短时间内消失，修复后的页面将自行掉落。如果太黏，水分会迅速减少，纸张就容易出现胡桃般的褶皱，这就被认为是暴性。用暴性糨糊是修复古籍的大忌，尤其是那些已保存很久的书籍，这种书的页面弹性非常差，有些已经糟朽或已将近糟朽。如果使用了暴性糨糊，不仅古籍的原始外观不能恢复，而且已损坏的古籍也会遭到更严重的破坏。并且，已经被暴性糨糊损坏的古籍，在之后的修护中无法揭开，这就造成了无法弥补的损失。

有腐蚀性的糨糊也不可以用于修复古籍。当前市场上销售的供一般用途的化学糨糊均与化学防腐剂混合，这会对古籍纸产生非常大的腐蚀作用。使用这种糨糊来修补书页时，腐蚀的黄色印记在很短的时间内就会出现。我国一些文化发达的大城市会生产一种特殊的糨糊用于修复档案，这些糨糊不与腐蚀性化学物质混合。尽管它可能适用于现代档案的修复，用于修复古籍也勉强可用，但通常浓稠度总是不合要求。因此，最好根据要修复的古籍的具体条件来选择、加工和精制修复糨糊。

由于产料和传统方法的不同，用于修复古书糨糊的原材料因地区而异。在北方，由于人们喜欢吃面食，所以多采用去掉面筋的面粉来当作修复古籍的糨糊。在江南地区，常使用精制白面粉（现称为富强粉）。

（一）小粉糨糊

在各种糊状原料中，最合适的是小粉，也就是麦淀粉。一种小粉制成的糨糊，质地柔软、黏度适中、非暴性，可用于修复古籍的页面，并能达到光滑柔软的效果。它特别适合于修复破烂的有价值的珍本。

1.制作小粉。用小粉制作糨糊，先要制作小粉，其过程如下。

（1）研磨：通常，面粉颗粒相对较粗，因此在使用前必须将其磨细。

（2）和面：在面粉里兑水，把它均匀地揉成大面团。

（3）出粉：将面团分成大小均匀的小面团，然后用白色的纱布包裹起来，放置在盆里，加入适量的水。在这个过程当中要保证面团稳定不晃动，浇水之后，用双手不停地揉捏面团，并且要让面团完完全全接触到水。揉捏一段时间之后，面粉之中的白色淀粉就会分解出来，稀释在水中，而剩下的一些粗糙的杂质就会留在袋子里。

（4）洗粉：出粉之后，水中会含有大量的小粉。经过沉淀，小粉会堆积在盆子的底部。将这些小粉尽可能地和水分离，并且收集起来放到装有清水的盆子里。这个步骤完成之后，就可以把装有小粉的盘子静置，不过几天，其中的清水就会变颜色，一般会变成淡黄色，温度比较高的时候，会有真菌发酵。这个时候用木棍去掉水中的黄色部分和真菌发酵的部分，再次倒入清水搅拌，让小粉沉淀。再过几日，仍然会出现淡黄色的水，但是这一次的黄比上一次更淡。按照之前的方法处理，反复几次之后得到的小粉大小就比较均匀，同时质地非常黏稠，颜色也比较纯净。

（5）保存：这种方式所制出的小粉可以在冷水中长时间保存。小粉当中已经不再含有高分子的有机物，在一般情况下可以保存，但是如果温度过高的话，还是要担心其是否会变质。建议将小粉暴晒，形成干粉，在使用的时候，再加入水调制成湿润的黏稠物。

2.小粉调制糨糊。下面再介绍用小粉调制糨糊的主要程序和注意事项。由小粉制备糨糊的主要步骤和注意事项如下。

（1）水和粉的比例：湿性小粉，水与粉之比为 1∶1；干性小粉，水与粉之比为 4.5∶1。先把小粉泡成稀粥状，然后用铜丝筛子滤去小粉中的粗粒渣滓备用。

（2）加矾：熬煮糨糊时要按湿粉 1.5%~2%、干粉 2.5%~3% 的比例，添加明矾以增加黏性与耐腐蚀性。需要注意的是明矾的稳定性并不是很强，并且会和空气中的一些成分发生化学反应，从而产生酸性物质，因此，在明矾的储存上也要多加注意。

（3）搅拌（开水冲调）：将清水倒入锅中，待水沸腾后将剩余的稀粥状小粉缓慢倒入锅中，并在倒入时持续用木棍搅拌。约 5~6 分钟后，稀粥状水分逐渐由薄变稠，最后煮成半透明状的银白色糨糊。

（4）用火（在炉火熬煮）：用来煮糊的炉子火不能太高，如果火太高，糨糊就会脆而不粘。但也不能太小。如果火很小，糨糊就会散而不黏。

（5）半成品的保存：此时糨糊仍是半成品，并且在实际应用中必须根据待修补对象的特定要求随时制备糨糊。半成品必须妥善保存，以免发酵变酸，根据需要随时准备调制，其保存方法是浸泡在冷水中。在早春、秋季和冬季，需要每天更换一次水，但是到了晚春到夏季，温度渐渐升高，如果工作室中没有恒温器，则需要每天多更换几次水；如果有恒温器，则只需换水一次。在这种情况下，保质期在早春、秋季和冬季为一个月，在晚春和夏季约为十天。

（6）厚浆与薄浆：修复古籍所需的浆可分为两种：厚浆和薄浆。厚浆主要用于粘连东西，薄浆主要用于修复书页。要注意糨糊的浓度不要过高，否则页面将随排笔带起来，这本书就会遭到损坏。仍需要较厚的糨糊来修复厚棉纸、开化榜纸和毛边纸上的页面，如果用太薄的糨糊粘连得就会不牢固。

（7）捣糊兑水：半成品糨糊兑水前，要先在盆中捣烂、捣均匀。应缓慢添加水，以使水和糊充分混合成乳状汁液。兑水不能太快或太强，否则糨糊将无法完全混合，并且会形成小疙瘩，从而影响黏度。在寒冷的冬季，如果工作室没有恒温器设备，则可以使用热水将半成品糨糊浸泡一下。另外，制得的糨糊不应冷冻，因为冷冻的糨糊将失去其黏度且不能使用。

（8）清洁卫生：制备的糨糊应该保持清洁卫生，糨糊不应该掺杂其他的物质。一方面，这是为了保证其能够长期储存不受影响；另一方面，也是为了保证在使用过程中，不会因为杂质对古籍造成伤害。

（9）糨糊的稀浓度：可以使用波美表精确测量糨糊稀释浓度。修补书页的糨糊，通常使用2度，需要根据纸张的厚度、质地、性能和损坏程度来控制糨糊的浓稠程度。对纸浆和纸张各种条件的确定和掌握在很大程度上取决于工作人员在工作中的细心体会和积累的经验。用几句话很难清楚地表达出来，仪表参数只能起到参考作用。

（二）面粉糨糊

这是直接用面粉制成的糨糊。它的制造和使用方法和小粉糨糊相近。但是面粉糨糊由于纯度不够高里面还含有一些杂质，所以容易变质，因此对于古籍而言，面粉糨糊不是一个最好的选择。

在中等大小的陶瓷钵头中，加入白面粉和明矾（比例为1：0.02），与冷水缓慢混合（冬天需要使用30℃的温水），用木棍持续搅拌以将面粉调成浆头，搅拌至没有面粉疙瘩。然后将开水冲入浆头内（水与粉的比例为 1：4.5），在冲洗的同时持续搅拌并用力调打，直到浆头由稀变稠，颜色从白色变为淡黄色。呈现出亮光和小气泡则表明糨糊已经煮熟。如果糨糊为灰白色，没有光亮，也没有变黄，表示糨糊还没有熟，此时必须迅速进行处理。将制作好的糨糊表面弄平并放一层清水，以便可以随时使用。储存、制备和使用方式与小粉糨糊相同。

（三）白芨水糨糊

广东使用的白芨水糨糊是由白芨的茎块制成的。新鲜的茎块含有 14.6% 的水分，30%~40% 的淀粉和 1.5% 的葡萄糖。由于这种糨糊具有很强黏性，因此用来黏合接缝，十分牢固。还可以用于修复厚页书，例如厚纸佛经等也可以。它不适合修复薄页。原因是用白芨糨糊修复的书页总是留下难以去除的印记，并且由于其黏性强，当古籍再次损坏需要重修时，会难以揭开，在书本上留下的痕迹浸入沸水中也去不掉，这样就会损坏原书。

（四）石花菜糨糊

石花菜是海洋植物。当前还有单位在使用，用这种糨糊修补出来的东西柔软。但制备石花菜糨糊较麻烦，天气热时会有臭味，变质时黏度会变弱。

（五）防蛀防霉

我国古时有资料记载，在制备糨糊时会添加香料。在宋代，米芾制作糨糊，一定会加乳香。后来，有人在配制糨糊时加入了百部、除虫菊，这是都为了增加糨糊的防霉和防蛀功能。乳香和花椒都是属于贵重香料，所以在取材上就不是特别容易，如果将这些贵重的香料用于制作糨糊的话，糨糊的制作成本也会大大增高，所以在对那些普通古籍进行修复的时候是不会用这些珍贵材料的，如果对那些极其稀有的古籍进行修复，倒是可以采用。而近些年来。随着人们对于化学研究越来越深入，会有人在糨糊当中添加一些其他的物质，使其能够更好地保存同时不会发霉，比如将石炭酸添加到糨糊中。但是，经过研究，这些物质其实会对古籍纸张造成损害，因为它们中的一些成分和古籍发生化学反应之后，会加速古籍的老化，因此，现在不再加入这些东西来防潮。

五、绢、绫、锦

对于珍贵的古籍，需要雅致美丽的丝绸面料作为封面、函套、包角等。有三种类型的丝绸织物通常用于修复古籍。

1. 绢。这是由真丝制成的平纹丝织物。质地漂亮，薄而坚韧。产于浙江、上海、江苏等地区。它可以染成磁青色和古铜色，并用作善本书的封面。当染成浅绿色或湖蓝色时，可以用作古书包角的材料。

2. 绫。它是一种斜纹组织或以斜纹为底的提花组织，以桑蚕丝或人造丝交织而成的丝织品。浙江湖州的绫具有最佳的质地，表面光滑如镜，底部有花朵和凤凰图案，轻薄柔软，富有民族特色。修复古籍时，可用作封面或包角。

3. 锦。锦是缎纹的丝织品，具有华丽的色彩、图案，厚实的质地和雅致的风格。大多数现代丝绸被称为"宋锦"和"仿宋锦"，因为它们是模仿宋代的织棉图案制成的。有龟背图案、绣球图案、剑环图案、古钱套、席地图案等款式，古朴典雅，最著名的锦品是江苏苏州出产的。这种锦最适合作为裱制善本书的函套、锦盒或作册页面子。

六、清洗剂

1. 洗涤碱。即碳酸钠（Na_2CO_3），用80℃的热水泡开，便可应用。

2. 草酸。即乙二酸（$H_2C_2O_4$）。由一氧化碳和氢氧化钠反应生成甲酸钠，再经高温脱氢生成草酸钠，最后经铅化、酸化、结晶和脱水等工序，得到草酸，为无色晶体，是一种重要的还原剂，可用于洗涤书页中的水斑、霉斑、黄斑等污渍。

3. 高锰酸钾（$KMnO_4$）。又称"过锰酸钾""灰锰氧"。为紫红色晶体，溶于水，是一种强氧化剂。修补古书中与草酸配合使用。

4. 漂白粉。即次氯酸钙〔$Ca(ClO)_2$〕，含有效氯30%~38%，用以漂白书页。漂白粉有一定的腐蚀性，经漂洗的书页纸张纤维容易受到损伤，因此不能用于修缮古书。

5. 双氧水。即过氧化氢溶液（H_2O_2），含过氧化氢30%，用以洗涤书页中因黏染铅粉而形成的黑斑。

另外还有几种植物洗霉：①枇杷核。属于蔷薇科的植物种子。它的成分是含苦杏仁甙、氨基酸、淀粉和游离氢氰酸。它可用于旧字画中洗霉；

②石菖蒲。属于南星科植物，石菖蒲的根茎具气味，常作药用。石菖蒲的挥发油中含有细辛醚、石竹烯等。它可用于旧字画装裱中洗霉；③皂荚。属豆科类植物皂荚的果实。它含有三萜皂甙、鞣质、谷甾醇等。它也是用于洗霉。

七、黄纸板与夹板

1. 黄纸板。一种用稻草浆压制的纸板，俗称"马粪纸"。一般用40号规格或2~3mm厚的黄纸板，裱以绫、锦，糊制成古书函套或锦盒，坚固耐用。也有用七八层棉料纸合托的硬纸板，功能与黄纸板相同，这是更加考究的做法。

2. 夹板。由樟木、楠木、梓木或红木制成的平滑木板，上下两层，与书的大小大致相同，中间放古籍。

八、纸捻钉与丝线

1. 纸捻钉。它用于装订书籍页面。有两种类型的纸捻钉，一种是由10cm×4cm的棉纸条制成，中间宽，两端尖，也称为纸锯钉和蚂蟥襻，用于装订较厚的书本。接过书脑或金镶玉的书，也会用到这种纸捻钉。另外一种方法是沿按棉纸竖纹裁成斜边状，搓成一端大，另一端尖的形状，用于装订薄本书或普通书籍。

2. 丝线。丝线是订书必备的材料。有中、粗、细之分。

第二节　古籍修复的工具

修补古书所必备的操作工具，主要有六大类。

一、刀具

它用于裁切纸张、书籍、纸板等。无法确定大小，可以根据工作目标的要求灵活控制。一些特殊的刀具需要从现有的刀具中进行改制。

1. 马蹄刀。造型似马蹄，有易磨且耐用的特点，分为大号和小号，刀刃平直，刀口为斜坡状，锐角约为45°。用于裁切纸张、书页等等。

2. 弯刀。用以裁割大张的纸张。

3.割纸小刀用以裁割零星纸张。

4.裁纸小刀用以裁切纸条、书签和裁零星纸。

5.裁书大刀为人力裁书刀，用以裁切数量较少、书品较老的古书。

裁纸刀在古籍修复当中也是经常使用到的。裁纸刀有一套比较规范的使用方法。在使用裁纸刀进行相关纸张的剪裁时，通常用右手拿起刀，刀面需要和纸面成一个垂直的角度。拇指贴住刀面，食指、中指和无名指捏住斜口的一面，刀柄要紧靠虎口，刀面紧靠裁尺，然后左手拇指与其他四指八字形分开，用手腕压住裁尺，使其不能滑动，这样就能裁纸了。使用裁纸刀剪裁时，一定要让刀面和纸面紧密结合，尽量不要留有缝隙。剪裁过程当中，尽量保持手的力度均匀一致，不要让力度忽大忽小，否则会影响对古籍纸张的剪裁以及修复。剪裁比较厚的纸张时，由于难度较高，所以要更为细致，不要因为力度掌握不好而引起不必要的损害。除了在拿剪刀的时候，需要手腕的力度控制到位，手臂要保证灵活自如，不能随意运动，要控制好力度。

6.对开切纸机刀。这是在裁切大量的纸张或书页时所使用的刀具，其裁纸速度快、质量高，但是并不适合裁切少量或老化的纸张。

7.剪刀。分为大剪刀、小剪刀，都是用来裁纸，齐边加工绢、绫、锦以及剪断丝线。

8.美工刀。这是一种新式刀具，用途广泛，尤其是替代马蹄刀和裁纸刀。同时，这种刀片的可利用性比较强，如果刀片在长期使用之后变钝了。只需要将顶部掰断，剩余的部分仍然可以继续使用。这种刀片也有不太方便的地方，因为它本身比较薄，对那些比较大比较厚的纸张就没有办法很利落地进行剪裁。

像马蹄刀等刀具，新购买时都没有开口。使用之前必须先做相关的准备，需要对刀片进行开口，然后才能使用，同时在使用过程当中需要经常加入一些润滑油，使得刀片更加锋利。

磨刀不能急于求成。磨马蹄刀的时候更加要注意精确度，需要把马蹄刀有刻度的一面平放在磨板上，然后均匀地将刀翻过来。

二、其他金属工具

其他金属工具包括：①锥子。锥子主要用于下捻订线时打眼。长约

12cm，上头扁方，下尖，或上头四方形，下尖；②挑针。用以挑角、揭纸、挑排笔毛等，用大号缝被针插入木柄内即可；③镊子。用以揭开书页，撕镊纸边；④缝被针。用以穿线订书；⑤木锉。用以做函套时锉边用；⑥尖头钳子。用以拔除断线头等。

三、制糊刷浆用具

制糊刷浆用具包括：①大盆。搪瓷、玻璃、陶瓷制品均可调面用；②水缸或陶钵。用以洗面筋、沉淀小粉等；③钢丝小箩或绢箩、马尾箩。用以过滤小粉、糊，也可以用纱布代替；④搅糨糊棒。搅拌糨糊用；⑤铝锅。熬制小粉糨糊用；⑥糨糊盆。捣制糨糊和存放糨糊用；⑦糨糊碗。补书时用以盛放调好的糨糊；⑧糨糊槌。捣糨糊用，圆形，用槐木、榆木等制成，槌头要平，以利于捣捶；⑨糨糊笔。长锋羊毫，用以溜口、补破等；⑩小排笔。托裱书页时用以刷浆。修书的时候使用的排笔，比我们平时见到的排笔更加精致、更加小。因为这些需要被修复的古迹大多数都是有所破损的，而为了在修复的过程当中不对它们造成伤害，就需要用更加精密的工具对其进行修复。在使用排笔袖书的时候，也要特别注意拿笔的姿势。注意手指之间的相互配合，手腕要把握好力度。轻拿轻放，不能够使用较大的力气，这些笔本身就比较精细，如果力气过大，可能对笔有造成一定的损伤。排笔蘸浆不可过多，因为纸面受湿过重容易拉破；⑪塑料薄膜纸或油纸。刷糨糊时做垫铺用，还可以做防水纸用；⑫棕刷。用树棕编制，托裱书时用；⑬波美表。用以测量糨糊的稀浓度。

四、木板及其他木器具

木板及其他木器具包括：①裁板。裁切零张纸、封面使用的垫板，以杨木、椴木、银杏木等制作，以不伤刀锋为佳。②钉板。在打眼时垫用，尺寸同于裁纸板。③夹板。以樟木或楸木等制作，压书或打磨书页时用作夹具，要六面光洁，以免损坏书页。④葛板。补书时用以铺垫书页。⑤划尺板。杉木制作，两边镶有竹条。⑥竹刮。折页时用；⑦竹启子。毛竹条片制品，长35cm、宽1.5cm，略似剑形，用以揭开裱件、书页等。镶书时，挑书页、揭书页均可用。⑧木槌。用以下锥打眼，以枣木、榆木等硬木制成为佳。⑨笔船。硬木制品，上面半圆形，下面方形，两头粗细一样，做斜坡形，直径1cm。

五、石制品

石制品包括：①平面石。用以锤书和压书，以大理石或汉白玉制成，规格为 35×35×35cm；②长方石。包书角和扣书皮时用，以大理石或青石制成，规格为 11×7×3cm；③砑石。用以砑磨书皮、书背、边口、接缝处等。④砚台。钞配、补字、补栏、研墨用；⑤镇尺。石制品，压镇书页之用，硬木或陶瓷制品亦可代替。

六、其他用品

其他用品包括：①喷水壶。用以喷水湿润纸张。②骨簪。做书函套用的别子；③量尺。塑料、木材、金属制品均可，要有市制、公制刻度，供量定尺寸之用。④三角尺。订书时用以比划规矩。⑤狼毫小楷笔。用以画栏、补字等；⑥铅笔。用以编写页码等；⑦笔洗。用以洗笔；⑧调色碟。用以盛放颜料和调制颜料；⑨木砂纸。用以打磨裁切的痕迹；⑩乌贼骨。作用与砂纸相似。

第三节 古籍修复的设备

修补古籍的工作室，应该位于古籍书库附近，以方便送取需要的书籍。但是，由于修复古籍时需要起火，书库和工作室间必须有一个防火隔墙，以确保书库的安全。同样，在修复古籍时，通常需要裁切纸张、锤书，有时打开机器会发出声音。为防止噪声干扰，工作室最好与阅读室保持一定距离。

为了确保古籍修补工作的正常进行，有必要根据工作需要在现场安装古籍修复所需的各种设备。

一、工作台

修补案桌，又被称为案子。它由坚固且不可变形的木材（例如杉木）制成，通常情况下尺寸为 180cm 长，100cm 宽，2cm 厚，台腿的高度约为78cm。必须根据工作者的身高进行调整，以方便操作。工作台面应平坦、光滑、防漏，没有疤痕和不均匀接缝。桌面颜色应与维修书籍的黄页和白页明显区分开。

工作台不仅必须坚固耐用，而且还必须具有防水、防烫、耐酸碱的性能。所以在制作工作台的时候，选材上就要加以注意，不能选用对古籍造成伤害的材料。不要在工作台上放置一些酸性物质或者碱性物质以及一些腐蚀性的物质。不要摆放除了修复古籍所要用到的颜料之外其他带有色素的东西，因为些东西的遗漏，会对之后的古籍修复带来一些影响。还有一点比较重要，就是不要让一些坚硬的物品，如剪刀，小刀等对工作台造成破坏，工作台一旦被留有刀印，在修复古籍的过程中会出现偏差。

二、工作台的照明设备

一种是可移动的高脚台灯或日光灯，另一种是安装在工作台面下方的电灯。将电灯放置在磨砂玻璃下方。此拷贝灯还可用于修复书页上的孔。修复古籍的工作间应配备一个这样有专门照明装备的工作台。

三、工作间的照明设备

古籍不应放在直射的阳光下，因为在阳光直射下古籍纸页会出现褶皱，因此，修复古籍工作室的阳光最好不要太强烈，向阳房间的窗户必须装上防阳或反光玻璃，也可以根据情况使用毛玻璃，但对房间的采光度就会有所影响。人工照明应使用光线分散均匀的日光灯或其他不刺眼的灯具。照明设备的安装位置必须适当，以确保在操作过程中不会背光或遮挡光线。

四、纸壁

或称之为大墙，钉在墙上用于粘板、展平页面、书籍封面或托纸，镶料染色上壁贴平和晾干等，大小和高度可根据工作室的具体情况确定。铁钉子不应暴露在纸壁上，且四周应留有足够的空间以防潮。墙壁应平整光滑，不可以凹凸不平。纸壁黏合应该牢固且不能有空壳。

如果长时间使用纸壁，则必须在一定的时间进行修整，因为纸片和纸屑会粘在墙上，就导致壁面变得不平整。修整时，应用清水洗涤，把壁上的杂物清理干净，然后再重新糊上一层白纸，以便可以继续使用。

五、恒温恒湿设备

本书前面部分已经提到过温度和湿度对于古籍的影响非常大。当温湿度不稳定时，会对古籍造成伤害。因此，工作室的温度和湿度也是要格外注意的。如果温度过高，在修复古籍的过程当中会影响糨糊的活性，那么再用糨糊修复古籍就会造成古籍页面的不平整；如果温度太低，糨糊活性就会降低，糨糊容易凝结成块，在这种情况下，修复的古籍也就不那么完美。工作室太潮湿，修复古籍之后，古籍的纸张可能会发霉；工作室湿度过低，在干燥情况当中书页更容易发生断裂。

为了维持工作室温度和湿度要求，古籍修补工作室应配备恒温恒湿设备。温度应调节为 ±3℃，湿度为 40%~50%。如果没有此类设备，则必须安装喷雾和通风设备。至少，应始终注意温度和湿度的自然调节。在夏季，必须打开窗户通风。在冬季，必须关紧门窗，利于暖气或炉火控制房间的温度和湿度。

六、其他一些设备

其他一些设备包括：①吸湿机。调节空气湿度，帮助浸水书页去湿；②温度计。用以测定室内温度；③湿度计。用以测定室内的干湿度。④电炉。用以熬煮糨糊或适当调节室温；⑤压书机。铁制，用以压平书页纸张；⑥切书机。用以裁切书页纸张；⑦书架。用以放置古书，一般规格为 $200 \times 100 \times 40cm$，分为六层，每层高 28cm；⑧柜子。放置各种修补用具；⑨保险柜。藏置珍贵的善本书；⑩吸尘器。用以清除书籍和工作室的灰尘；⑪电熨斗。用以清除书籍的油渍等；⑫显微镜；⑬放大镜；⑭天平；⑮量杯；⑯纸张测厚仪；⑰水池。为工作中洗涤及各项用水之便；⑱消防器材。以防火灾用。

第四节 古籍修复技术操作的基本程序

古籍修复技术操作的基本程序为：点收、制订修复方案、备料、拆除、书页修补、封面与封底的修复和复制、装帧、检查和验收、交付等。

1. 点收。就是在古籍修补之前，应该按照相关单位对古籍的描述进行核对，主要是核对古籍的名字页码是否正确，同时要注明相关工作人员的姓名。

在点收过程中要格外注意书籍的页面是否不完整，并且注意页面编号的顺序是否颠倒和无序。对于没有页码的书籍，即使书籍被拆分或被弄乱了，也要按顺序在页面右下角用细铅笔依次写上号码，对原书进行排序。重新装订时，也可以按照号码理顺原书籍。如果点收中发现原书有任何不一致之处，则必须及时与委托人单位联系。简而言之，要修复一本书，需要先在心里有一定的规划，工作才会有把握。

2. 制定修复方案。就像医生应该有一个治疗计划一样，古籍的修复也应该有一个计划。

制订修复计划之前，需要对古籍有一个全面的了解，首先要弄清楚这些古籍破损的地方以及破损原因。对古籍自身特点也要有一个全面的了解，比如古籍的年代以及使用的纸张特点。最后还要关注一下，委托单位的特殊需求。这些都是在制订修复计划的时候需要完成的工作。

对古籍的损坏程度调查应该是全面、细致的，需要谨慎行事。如果古籍一共损坏了五个地方，你却仅检查出三个，然后进行返工将造成很多麻烦。

必须对造成古籍损坏的原因进行准确的分析。例如：破损，有生物损坏（虫蛀，老鼠咬等），机械损坏（人为或仪器刮擦），风化损坏等，都具有不同的修复方法。又比如书籍页面的黏结，包括因潮湿造成的黏结、胶质造成的黏结、糨糊造成的黏结，修补方法也有所不同。版本与年代特别重要。修理普通的书需要整齐、牢固、耐用且易于阅读，而修理历史悠久的善本和珍本书，则需要精心处理。不仅要修复古籍的损坏部分，还要保留原始书籍的特征并恢复原始风貌。换句话说，同样都是修复古籍，普通版的要求是"整旧如新"，而善本和珍本则是要求"整旧如旧"。以保持其自身的文物价值。如果不考虑版本和年代，就无法做到这一点。上海图书馆修补组曾接受过一部宋版《春秋左传》的修复任务。这本书的特征是卷数多、纸张也比较薄，有些页面也已被风化了。在制订修书方案时，有人主张先将全书分页托裱，然后做"金镶玉"，该方案虽然更方便、更迅速，并且节省了人力物力，但是在保护善本书方面存在一些缺点。一是全部托裱，使用的糨糊就比较多，易于吸引蛀虫。二是页面变厚，这影响了宋版书的原始外观。三是纸页硬挺，对翻阅和保存没有帮助。修复者在对整本书的每一卷的损坏程度进行了反复研究之后，最终决定对一小部分风化易碎的页面进行托裱，而其余保存尚好页面做局部修复。然后整本书再进行"金镶玉"样式的装订。这样，既可以修复原书的损坏页面也保留原书的原始风貌，并且"金镶玉"装订还增加了原书装饰的美感，可以达到更好的效果。

3.备料。书籍修订计划制订好，就要开始准备必需的工具和材料，例如刀、糨糊、连口纸和其他配纸等。

4.拆除。除去小修小补的书籍外，大部分待修复的书籍都要将原书拆开，才能继续进行全面修复。

要去除灰尘，可以用吸尘器和软刷。可以调节吸尘器的功率以吸收书本上的灰尘。如果功率过高，则本书的页面容易被吹坏。损坏严重的书不能用真空吸尘器清除，只能用软刷轻轻地将书本上的灰尘刷掉。

刀剪通常用于拆线、拆封面和去除纸钉。拆除时最重要的事情是不要损坏原书。用适当的力度取下线根，以免拉坏书页。

5.书页修补。修复书页是修复古籍的重要步骤。这包括清除页面污垢，连接书页开裂的书口、补破、裱补、镶补、补字补栏、喷水压平、夹干等多道工序。

6.封面、封底的修复和复制。封面、封底的整修，包括清洗、补缀或选纸制皮、捶平、压实等工序。

7.装订。修复古籍的最后一步是装订。装订工作的质量直接关系到所修复的古籍的坚固性和美观性。其中包括折页、捶平、衬纸、接书脑、齐栏、压实、钉纸捻、包角、加护页、草订、上封面、裁齐、打磨、打洞、穿线、贴签条以及各种特殊装修和制作封套等多项工序。

8.检查和验收。为了确保古籍修复的质量，有必要建立科学的检验标准和验收制度。

要修复书页，需要确保正确使用糨糊，是否有"小疙瘩"或粘连不牢的地方，配置的材料和颜色是否合适，厚度均匀与否。

要修复封面，需要确保纸张与书页相配套以及是否平整。

装订要检查是否牢固、美观；书册和页面的顺序是否与原装匹配；裁书是否整齐，有没有损坏书上的字体；打磨的地方有没有起毛、发光；书角包得是否紧实、挺括，尺寸是否合适；打眼有没有歪斜；订书的线粗细是否合适、颜色是否和谐；线穿得松紧是否合适；特殊装修的各种书籍是否满足特殊要求等。

经过成品检验，需要对提交送检的书对评定等级。质量不合格的需要重新加工和修复。

9.交付。修复后的书要按时交还给委托单位，交接时必须直接进行当面检查，并将收信人的姓名和交接日期在工作表上做好记录，以方便日后核查。

第六章 古籍的修复

第一节 古籍书页的修复

古籍流通的时间比较长久，它会因为人们的反复阅读、保管不当或各种自然因素而出现破损情况。最常见的有封面损坏、线头脱落、页面损坏、函套破损等。所以古籍的修复内容应该包含书皮、书页、装帧、函套等部分。

除了小损坏（只需要小修小补），以及需要保存古雅风格的善本书和珍本书，损坏的封面和函套都换成了重新制作的封面和函套，封面和函套的制作在技术上属于古籍的装订范畴，这部分在后面的古籍装订部分会有详细的介绍。如果装订线脱落，在没有损坏整本书的情况下，只需要重新穿装订线，这方面的技术要求也在古籍的装订部分有描述。这一章主要是关于古籍书页的复原。

古籍书页的修复是修复古籍中最重要的过程，这个过程中是数量最大、劳动强度最大的，而且是恢复古籍原貌成败与质量的核心。因此，修复古籍必须从修复古籍的页面开始。

修复古籍的页面包括以下工序：①清除页面上所有类型的污染物；②选择纸张并进行染色以修复页面；③将书的开本与残缺的页面连接起来；④对已经损坏的页面进行补缀；⑤糟坏书页的裱补；⑥黏结书页的揭补；⑦补坏书页的重修；⑧短小书页的镶补；⑨书页的补字、补栏；⑩书页的喷水压平；⑪防止书页色彩的浸润和烘散。

现在分别详述如下。

一、清除书页的各种污染

（一）书页的漂洗去污法

当一些古籍暴露在阳光、有害气体、灰尘中时，古籍的页面颜色就会发生改变，有的会发黄，有的会出现黑色或者灰色的情况。当古籍沾上水、墨、汤汁、茶、油和蜡等时，会在古籍页面留下污染的痕迹；古籍在细菌和真菌的作用下，会出现霉斑；由于飞蛾和其他生物的叮咬、粪便排泄以及繁殖等，古籍本身就会变得很脏。

为了消除以上的污染，必须对要修复的书籍进行仔细的检查。如果有肉眼看不到的污染物，可以使用放大镜或显微镜等工具，准确地找出污染的详细来源，例如某些污渍是水渍还是蜡渍，还是铁锈渍、霉菌渍、昆虫污渍等。

有几种去除这些污染物的特殊方法，最常见的途径就是漂洗。漂洗书本的原理与洗衣服的原理相似，但是书本是用纸制成的，当然比制作衣服用的丝绸更易碎。在漂洗之前，应该首先查看书页中的纸张是否可以承受浸泡和水洗的过程。如果书籍的纸张质量不好，则不应轻易冲洗。受污染较为严重的书页应使用清洁剂清洗。尽管用于漂洗书页的洗涤剂是一种稀溶液，但它对书页还会有一定的腐蚀性。因此，在修复书籍的过程中使用清洁剂时，必须多加注意书页的纸张质量。即使是这种弱腐蚀性溶液，破损较为严重的页面也是无法承受的，这种情况就无法使用清洁剂。善本和珍本具有很高的文化价值。为了避免损坏，通常不会采用这种方法。如果需要冲洗，则不使用清洁剂。一些受到一般污染的书籍，可以进行书籍页面的部分清洁，无需冲洗整个页面和整本书籍。书籍的整页和全部漂洗仅限于受到严重污染的书，并且纸张质量都是过关的，严格按照操作程序进行漂洗，整个流程必须仔细小心。

书页的漂洗有以下几种办法。

1. 热水漂洗法

这种方法是在漂洗的过程中仅添加热水，不添加清洗剂。对于去除书页上的水渍以及针对泛黄、变灰和变黑的情况最有成效。

具体的操作流程就是，预先准备一个铝制矩形水槽，其深度约为 10厘米，宽度为 45~50cm，长度为 70~80cm。在水槽的右下角留一个小圆孔，进行排水。漂洗书籍时，使用橡皮塞或布塞堵住圆孔以防止泄漏。漂洗之前，先取下书页的封面和封底，在水槽中放一层纸，然后将书籍的页面一张一张地错开铺平，每层七八张，然后盖上一层薄薄的纸，然后放入页面的另一层，并重复进行排列，直到所有页面都放完。在每页上放一层纸的目的是为了便于揭开页面。一次冲洗的页面不应太厚，最好不要超过两卷（约100张）。一次冲洗一本厚厚的书会因为书页太厚，可能无法冲洗到中间的部分，无法达到漂洗的效果。铺平放完整本书的所有页面后，应在其顶部覆盖一层纸。然后在覆盖纸的中间按一条木条，即可漂洗书籍了。

漂洗时，使用热水壶沿着书页周围缓慢注水。热水温度最好在75℃~90℃之间。浇水时，不要过快地浇水，如果速度太快的话，会对书籍产生二次伤害。水冲洗完后，不要急于将水排干，让书页在热水中浸泡一会儿，使得整个页面完全浸泡。浸泡一会儿后，水温会慢慢下降，这时候可以拔下圆孔上的塞子，将水槽倾斜放置，以使脏水流出。也可以用手或一块木头轻轻地挤压盖在页面上的纸，将剩余的水从书页中挤出。如果清洗得不彻底，则可以重复上述方法几次。然后将一块75cm长、35cm宽、2cm厚的木板放在工作台上，将木板倾斜45°，然后根据分隔纸的层数将页面放在木板上的吸水纸上，上面再盖上几层吸水纸。整理摊开书页的时候，注意不要打乱页面的顺序。将书的所有页面摊开后，在封面纸的两端压上石头或其他重物，并每天按时替换吸水纸，直到书籍的页面变得干燥。

漂洗糟杇的书页时，需要用干净的纸进行一张一张包裹，然后再进行漂洗，以防止在清洗后出现破损。

2. 碱水漂洗法

严重污染的页面是无法通过用热水漂洗的方式来清洁的，必须使用清洁剂清洁页面。使用最为广泛的清洁剂是由洗涤碱制成的碱性水。碱性水冲洗方法与热水冲洗方法是相同的。碱与水的比例为2.5：100。通常，将50g洗涤碱添加到75℃~90℃的2kg热水中，并一起放入锅中以备使用。如果书籍的页面太脏，就可以适当增加碱的用量，但碱与水的比例最大不得超过4：100。当用碱性水清洗页面时，不可用力过猛，水流的速度也不能太快，防止页面破损。最好一次冲洗不超过一百页，如果有更多页面，将无法高效率完成漂洗的工作。为了使书页与清洁剂完全接触，当碱性水在书页上流动时，可以使用木条将书页按几次。水冷却后，取下盖子，排出碱性水，然后用干净的水反复冲洗 2~4 次，以完全清洗碱性去污剂。清洗页面完成后，将水去除，并将纸张晾干，具体的操作步骤与热水漂洗的方法一样。

碱水漂洗方法的另一种操作是使用 35g~50g 的洗涤碱（具体用量取决于书页的污染程度），将它们压成粉末，然后将书页分层放入水槽中，然后将粉碎的碱性粉末撒在书页的周围，然后使用 75℃~90℃ 的热水在书页的周围浇水。耗水量约为 2kg，具体用量以没过页面为主，冲洗后，接着浸泡一会儿，然后抬起水槽的一个角并轻轻摇动，以使碱性水冲洗掉书页受污染的部分。清洗页面后，可以释放掉水槽里的碱性水，然后用清水反复冲洗。页面清洗后，应按照热水漂洗进行二次处理，具体方法同上。

3. 漂白粉溶液漂洗法

粉末状的漂白剂溶液也是经常采用的清洁剂。它的效果优于碱性水，尤其是对受污染严重、泛黄或呈灰色污染痕迹的白色纸张而言。但是不足之处是漂白粉溶液对纸张的腐蚀作用大于碱性水，并且用漂白粉溶液漂洗的纸张不易长时间保存，因此，这种方法不能用于冲洗稀有珍贵的书籍，比如一部分善本和珍本。即使在普通的书籍中，使用此方法时也必须非常小心，因为使用漂白剂溶液洗涤后，部分质量较差的纸张会受到腐蚀而破损。对于天然黄色的纸张，也不适宜使用漂白粉溶液。所以，在使用漂白粉溶液之前，必须先进行耐碱性测试。首先使用质地相同的纸或小块的废纸进行漂洗测试，该耐洗涤性测试也可用于验证漂白粉溶液的浓度。漂白粉与水的比例通常为 1~2 ：100。具体比例应基于可以冲洗污渍的同时不会过度损坏页面的标准。只有进行洗涤测试才能做出相关的数据判断。

制备漂白粉溶液的方法如下：在 75℃~90℃ 下准备约 2kg 的热水和 20g 左右的漂白粉。还要准备一个小碗，将漂白粉溶解在小碗中的水中，然后将漂白剂溶液与一碗热水慢慢混合，并充分搅动。准备一盆干净的水放在一旁。首先把有污染的纸张放入漂白粉溶液中，进行耐洗性测试，并根据耐洗性测试结果调整漂白粉的用量，然后就可以进行漂洗的工作了。

漂洗的具体方法有两种。

一种方法是漂洗整本书，即先使书籍的每一页都达到蓬松的状态，然后用漂白剂溶液漂洗受污染的书页，然后将其余干净的页面浸泡在漂白剂溶液中，使得整本书的颜色一致。冲洗后，立即将书页放入干净的水中冲洗，直至没有漂白粉的气味。然后，可以按顺序打开书页，将它们分成几叠，然后放在干燥的吸水纸上，用吸水纸覆盖顶部，中间要多次更换吸水纸，直至纸张干燥。

另一种方法是分开漂洗页面，就是用两只手握住页面的顶端，在漂白剂溶液中冲洗页面的底端一次或两次，然后将冲洗后的一端放在木板上，然后握住木板，将页面另一端在漂白剂溶液中漂洗一次或两次。之后反复用清水冲洗掉漂白剂残留物和异味。最后，将冲洗后的页面放在干燥的吸水纸上。冲洗第一页后，再冲洗第二页。用这种方法漂洗数十页后，漂白粉溶液将逐渐失去漂洗效果。此时，根据原始粉末与水的比例，用新的漂白粉溶液替换它，或在原始的漂白粉溶液中添加适量的新漂白粉。

不管是整本书漂洗还是分开漂洗，其动作都必须敏捷而快速，使其可以一次性完成漂洗的工作，并且绝对不可以拖延时间，更不能漂洗一半之后就停工，第二天再进行漂洗，因为书籍的页面在漂白剂溶液中保留的时间一长，就会受到腐蚀或者损坏。

4.简易漂洗法

如果就近没有水槽或只有一小部分要漂洗的页面，还可以准备直径约50cm的容器（也可以使用大的塑料容器），并准备一个比容器直径较长一点的木板。然后将要清洁的书放在中间的木板上，书籍的正面朝上，接着就可以进行漂洗了。

具体的漂洗方法是：将木板倾斜地放在容器中，然后按上述比例从上到下用热水或碱性水或漂白剂溶液将其倒在书页上。倒入后，还可以使用一个小碗将流入容器内的漂白剂溶液舀出来往书的页面上浇灌一次或两次，然后用清水冲洗干净。漂洗碱性水或漂白剂溶液需要多次冲洗，并确保书页上没有残留的碱性水或漂白剂。漂洗后，按照热水漂洗方法的操作步骤进行最后的处理流程，具体的操作过程如上。

书页的受潮、水湿的问题是修复页面时要注意的重要事项之一，对于清洗页面尤为重要。如果无法及时地将浸泡在漂洗液中的书页晾干，一些书页就会粘在一起，书本的文字会变得模糊，最坏的情况就是这本书的书页会发霉和变质。因此，应尽快用吸水纸吸收已清洗页面的水分。特别是在雨季，更需要倒页换纸，以免书页发霉。如果有除湿设备，则必须打开机器以帮助除湿和干燥，也可以在页面周围放置干燥剂，或在页面中间撒些滑石粉，这些方法对页面除湿非常有用。撒过滑石粉的页面要放平整，页面干燥后，使用软布或小排笔擦去页面上的滑石粉，或合上页面，抬起书的背面，将其面朝下抖落几次，直到页面上的滑石粉清除干净为止。

（二）书页的局部去污法

该方法比上述书页冲洗和去污方法更简易便捷，但仅适用于书页上的局部水印、污渍、泛黄、发黑、变灰或其他局部的污染。

详细的步骤是：准备一个容器，预先准备好75℃~90℃的热水，或按合理比例准备碱性水和漂白剂溶液。如果没有碱性水、漂白剂溶液等，也可以使用肥皂溶液。接下来，使用刷子或蘸有热水或清洁液的棉球除去页面上的局部污染物。如果一次清洗得不够干净，可以多清洗几次。洗涤液必须保持在合适的温度下，否则就很难取得良好的效果。除了用热水洗涤的书页之外，用其他洗涤剂清洗过的书页应在洗涤后用清水再冲洗几次，以除去书页上残留的清洁液。

如果漂洗后的页面上有水印，则在漂洗后，在没有清洗的页面上喷些水以去除新形成的水印，这样的步骤可以使得页面更加平整，否则它们其中的一部分就会受到潮气胀开，书籍就会变得不平整。清洁页面后，应使用吸水纸将其分开并压缩，在页面完全干燥后取出吸水纸。

有些书籍全书都保存得比较好，只有一小部分页面上有小水印或污迹。在修复这种类型的书时，拆开整本书籍就会加大修复的工作量。只需要在带有水印和污渍的页面之间插入一张纸，在该书此页的背面放一张纸，然后使用上述的热水漂洗方法清洁水印或污渍。清洗后，在页面的其他部分上洒一些水，然后在其中夹好吸水纸。用这种方法漂洗其余的页面，最后用重物压平整，在页面完全干燥后取出吸水纸。

（三）怎样消除书页上的油污与蜡痕

很难通过清洗的方式去除蜡痕。较为传统的途径是将烧酒和石灰混合成糊状，然后涂在油渍和蜡痕上。干燥后，就可以去除油渍和蜡渍。这种方法也存在着难以避免的缺点，会将书页粘在一起，对书籍造成一定程度的损坏。因此，现在专业人员更多地使用热烫法和有机溶剂去除法。

热烫法是去除油渍和蜡痕的简便方法。此方法仅适合一般小区域的污染清理。具体的操作步骤是在污染页面的顶部和底部衬上一张棉纸，然后用医用盐水溶液的瓶子装满开水，并在该处来回滚动，油污和蜡会随着热量融化并被棉纸吸收，从而可以清除油和蜡的污染。

热烫方法的常用器具是电熨斗。详细的操作流程是：首先将电熨斗连接到电源，然后使用两张棉纸，一层在页面下，一层在页面上。这种棉纸可以用吸水力强且表面稍粗糙的纸，也可以用东昌纸或毛边纸，但切勿使用旧报纸或用过有字迹的纸，因为电熨斗产生的热量会使墨水印刷的笔迹上下颠倒地印在书页上，不仅没有达到去除油渍和蜡渍的效果，还增加了对书页的损坏。当电熨斗热到可以使用时，用它来熨烫覆盖有棉纸的书页，在熨烫过程中，应不断抬起封面纸，看是否吸收了书页上的油渍和蜡痕。在熨烫的时候，覆盖着的棉纸应不断移动，并要更换新纸，因为吸收了油和蜡的棉纸吸附作用会大大降低。需要将严重污染的地方重复烫几次，以去除油渍和蜡痕。即使无法完全将其清除，也可以将其稀释。使用熨斗时，要特别注意将温度控制在100°左右。太高的温度会烫伤书页或导致纸张老化，从而进一步损坏纸张。反之油污蜡痕将无法去除，并且无法获得想要的效果。

有机溶剂去除方法适用于严重油污的页面。应根据油渍的性质确定要使用的有机溶剂，但应以不会损害印刷或书写墨水为基础条件。为确保这一点，必须在使用前进行溶滴挤压试验。方法是将一滴有机溶剂滴在一小块棉纸上，然后使用该棉纸按到废旧书页字迹上，如果棉纸上没有脱墨的痕迹，则表示可以使用此有机溶剂，反之就不适用于修复古籍。

对于动物油、矿物油的污渍，可以使用丙酮和乙醚的混合物，但该混合物存在易挥发、有毒、会损坏油漆的缺点。因此，必须在隔离室的玻璃台上进行操作。使用后，此人必须离开台面。苯、汽油、乙酸乙酯和四氯化碳等有机溶剂也具有良好的去除油渍和蜡渍的效果，并且不会损害纸张的质量。

植物油的污染（大豆油，花生油，菜籽油，桐油等）比动物油更持久且难以清除，但使用四氯化碳，乙酸乙酯，苯乙醇和其他溶剂的混合物都是有效的。吡啶是去除植物油渍的有效溶剂，但对纸张的破坏更大，因此，不应使用于珍本、善本的修复，一般版本的书籍在使用时也要小心仔细。使用后，立即用干净的水将剩余的溶剂从页面上冲洗掉。

以上有机溶剂在化学品商店有售后使用说明，可以参考。

使用有机溶剂去除油渍的详细操作步骤是：将棉纸放在受污染的书页下，然后将蘸有有机溶剂的棉球挤压在油渍上。对于大面积的污染，要使用刷子或者排笔取有机溶剂刷一下，一旦污渍溶解后，它就会被下面的棉纸吸收。在去污过程中，必须不断更换棉纸。去除油渍后，立即用清水冲洗掉溶剂残留物，然后在页面之间夹好吸水纸，将其充分向下压，然后进行晾干的工作。

（四）怎样消除书页上的各种霉斑

古籍在潮湿的环境下会出现发霉的情况。尤其是在雨季的时候，如果在工作中存在一点点不细心，书籍就会发霉。发霉的书会有一块块的霉斑，情况严重的话会导致书籍页面腐烂。细菌和真菌可引起书籍的霉变，但最具破坏性的是霉菌，糟朽书页修复方法可用于修复腐烂变质、发霉的书籍。那些发霉的页面可以通过清洗书页来修复。不能洗掉的霉菌污渍可用各种特殊的清洁剂清除。

（1）白斑。

也被称为"干霉""白霉"或"白花"。这种类型的霉斑可以通过用热水漂洗来去除。如果无法达到良好的清洗效果，则可以使用蘸有热水的刷子或毛笔进行二次清洁。通常，清洗几次就可以去除书籍上的白斑。

（2）绿斑、黄斑和浅褐色霉斑。

这些类型的霉菌污渍应使用碱性水或漂白剂溶液洗涤，而未洗涤干净的污渍应在阳光下放置三至四个小时，使得霉菌坏死，然后使用毛笔或小排笔擦拭几下，用高锰酸钾溶液洗涤毛笔和小排笔的表面层，然后用草酸溶液中和，最后用水冲洗剩余的洗涤剂液体，用吸水纸固定，将其压平整并风干。

（3）红斑、黑斑。

在《赏延素心录》中，这种类型的霉斑被描述为"剧毒人心，不能去也"。是最顽固、最不易清除的霉斑。当前，通常根据上述去除绿色和黄色污渍的操作步骤去除这种类型的霉斑。如果无法彻底清除污渍，仍然有黄色、红色和黑色污渍的时候，可以使用几滴醋酸铵溶液加进3%的漂白粉溶液中制成清洗液，然后使用刷子蘸取清洁剂并将其涂抹在污渍上，然后用水冲洗清洁剂。此时，即使无法彻底清除霉斑，也可以对其进行清洗使霉斑的颜色变得暗淡。使用这种类型的清洁液去除霉菌时，清洁剂的量不应太大，清洁时间也不能过长，不然会损坏书本的页面。去除黑斑的另一种方法是用3%的双氧水进行洗涤。具体的操作步骤与书页上的去污方法相同。

（五）怎样消除书页上的墨汁斑痕

从书页上去除墨水污点的操作就比较困难。最简单的方法是进行挖补，但是挖补的过程就会对书籍造成一定的损坏。如果要修复的书籍纸张质量仍然很好，则可以尝试使用骨胶剥离方法，也就是使用骨胶将其加热使其变稠，然后将其涂抹在书页上的墨水污渍。油墨被胶水吸收后，将干燥的胶片薄膜轻轻剥离，油墨污渍的颜色也会脱落。但是，此方法不适用于纸张非常薄的页面或墨水渗透的书页。

（六）怎样消除书页上的红、蓝墨水斑迹

要去除书页上的红色和蓝色墨水渍，可以使用浓度大约为3%的高锰酸钾溶液和5%的草酸溶液进行擦洗。详细的步骤就是先将污染的书页散开，将小刷子浸入高锰酸钾溶液中，然后将其涂在受污染的区域。一两分钟后，将另一支刷子浸入草酸溶液中，然后将其涂在有高锰酸钾的书页上，一段时间后将去除红色和蓝色墨水污渍。去除墨水污渍后，可以使用刷子将其浸入清水中，再涂抹在受污染区域以去除高锰酸钾和草酸的残留物，然后使用吸水纸将其夹住弄平并使其干燥。高锰酸钾和草酸具有很强的去污力，但对纸张有一定的腐蚀性，因此请勿多次使用，以免损坏纸张。

要去除红色和蓝色墨水污渍，还有一种途径是使用过氧化氢溶液擦洗。详细的方法是：首先使用一张吸水纸垫在有墨水污渍的页面，用浸在过氧化氢中的棉球轻轻地前后擦几次，然后盖上一层吸水纸并按几次，再用刷子浸入清水中以洗去过氧化氢，取出湿的吸水纸，重新垫一张吸水纸，然后再次喷一点水，使用重物压平整，保持干燥，最后取出吸水纸，以上就是使用过氧化氢水溶液去污渍的详细过程。

（七）怎样消除书页上的铁锈斑痕

如果书页上有铁锈渍，则可以在受污染的地方涂抹草酸或柠檬酸以将其清除。去除锈迹后，应立即用干净的水清洗受污染区域中的草酸和柠檬酸的残留物，防止它们残留在纸上而引起化学反应并对书页产生一定的腐蚀性。但是，想要去除目前市场上的签字笔的颜色是非常困难的。

（八）怎样清除书页上的铅粉返黑

如果书籍页面上的铅尘变黑，会影响书籍的整体视觉效果。以前消除铅尘发黑地方的途径是用浸湿的棉线包住发黑的铅尘，在线圈的外侧涂上一层水，然后在线圈发黑的部分上擦一些酒精或烧酒，快速将其点燃，再立即吹灭火焰。这样，发黑的铅尘将会变为白色。最后，取下线圈并用吸水纸吸收残留的水和酒。但是，这种方法有一定的风险性，一不小心就会对纸张造成二次伤害。现在，我们使用过氧化氢还原的方法，就是使用过氧化氢润湿的刷子，然后将其涂在铅粉尘的发黑部分，一段时间后，发黑的铅尘将变成白色。如果取得的效果不理想，则可以重复一次或两次。但是需要重点关注的是，不要在发黑部分之外的任何地方使用过氧化氢水溶液，否则会损坏整体书页的光泽度以及整体的颜色。使用过氧化氢溶液的地方要用热水进行擦洗，残留的水分应用吸水纸吸收，然后进行喷水、干燥、压平的步骤，详细的过程在以上的方法中有详细介绍。

（九）怎样消除书页上的昆虫粪便污染

被蠹虫吃过的书页往往会沿着虫洞粘上一圈蠕虫的粪便，有些昆虫喜欢在书页之间的空隙中排卵，对书页造成一定的损坏。要想去除这种污渍，可以先使用棉球除去蠕虫的粪便和虫卵，然后使用棉球沾上少许的醋或酒精，在有污渍的地方进行几次清洁。然后用清水洗净醋或酒精，再喷一点水，将吸水纸放在底部，放上重物，等书页变得干燥后将吸水纸取出即可完成去污操作。

此方法也可以用于去除书本上的苍蝇屎污渍。

另外，如果是灰尘和昆虫粪便很多的情况下，可以使用面团去污方法，取一个小的面团，然后将其轻轻在受污染的区域滚动，直到污物被吸收为止。

二、选配和染制修补书页用纸

选择和染制纸张以修复书页是修复书籍的关键步骤。书籍页面受损部分的连接、补缀、整理等都需要适宜的纸张进行修复工作。但是，由于古书的出版时间、地区、单位和社会生产条件的差异，旧书的纸张、印刷和装订也有差别，纸张的颜色、厚度、纹理、材料等也存在差异。由于材料的供应关系，即使是同一出版物，其前后也会使用不同的纸张，这增加了书籍整理工作的复杂性。

一旦确定了古书的修复计划，是否可以准备适当的配纸，对于书的修复极为关键。用不合适的纸张修复旧书不仅会使人们感到不舒服，还无法达到最佳的修复效果。如果白皮书中修补进去一部分黄纸，那就像在丝绸服装上放了一块粗麻布补丁，既不成比例，又显得十分不和谐。另一个例子是一本薄纸的书，修补进去了部分厚纸，折叠后会不平整，并且修补过的区域会凸出来；而带有薄纸的厚纸书会存在凹陷的情况。因此，如果纸张使用不正确，即使修理工作再细心，也很难修理出精致的成品。因此，要使损坏的书籍修复得更完美、更合适，除了需要掌握出色的修复技巧外，还需要仔细选择染制的修复纸。

（一）配纸

要选择合适的修复配纸，就必须熟悉纸的各种属性，尤其是颜色、厚度、纹理等，与要修复的原书相匹配。修复旧书的最好方法是使用旧纸。与旧书一起使用的纸张可以轻松地在颜色、纹理、厚度等方面进行协调，并获得更好的视觉效果。

旧纸的来源如下：在文物商店出售的旧文具中搜索；在造纸厂和废物处理站捡拾旧的纸张；使用没有保存价值的旧书报废纸。

根据当下的情况来看，旧纸的来源极为匮乏。因此，每个修复古籍的工作人员都应该做一个"有心人"，并利用各种机会来收集可用的纸张，并充分利用每天在工作中调换的补充页、空白页和旧封面的纸张。从旧书上裁剪下来各个部分的纸张应分类并保存。简而言之，有必要随时收集各种旧纸，以备不时之需。

配纸的工作不应在强光或光线不足的地方进行，应在充足的自然光和良好的照明条件下进行。因为太强或太暗的光线会导致纸张颜色错误，因此，纸张颜色的配置就会出现差异，这将影响修复的质量。不同的光线还会使得纸张的颜色发生变化，这对于纸张的匹配工作有着一定的不利影响。

此外，至于配纸的颜色，要尽可能与原书保持一致，如果找不到相同颜色的纸，也必须要使用相似颜色的纸张。但是，这种相似性必须是浅向性的相似，也就是说，配对纸的颜色最好比原始书的颜色浅而不是深。它可能比原始书本纸浅一点，但不能深一点。如果配纸的颜色略浅，整个书籍的页面仍然可以使人感到协调。相反，如果原始页面颜色为浅色，而相应的配纸颜色为深色，在修复后整体的书籍页面将不会具有优良的视觉效果。

（二）染纸

旧纸的来源是非常有限的，很难找到完整的纸种，而且随着纸的使用年限和老化程度的增加，实际上几乎没有什么用处。因此，在修复书籍的过程中匹配旧纸只能解决少量书的需求，而在大量书籍修复中使用旧纸匹配的方法很难处理好相关的问题。随着时间的流逝，各地的书籍修复数量在不断上涨。面对这样的处境，选择质量与原书相同的新纸，并使用旧有的染色技术将新纸的颜色与原书的纸张颜色染（以下称染色纸）相似，从而取代配纸。

纸的染色原理类似于织物的染色原理，二者都使用染料作用在纤维上以获得均匀而牢固的颜色。染色纸不能使用通常用于植物染色的化学染料，化学染料具有很强的腐蚀作用并且纤维更加牢固，当它们与化学染料接触时，纸张的质量会受损并发生反应。此外，在书籍中使用化学染料染色的纸张会损坏其他的页面。到目前为止，用于造纸的染料一般是各种植物染料和矿物颜料，主要包括赭石、藤黄等。由于染料的来源和运输的关系，某些染料可能无法在市场上买到，可以根据当地条件选取可替代的材料。

除了原材料，还需要例如染料、颜料、骨胶、橡胶、明矾等，对于纸张染色，也可以使用多种染色工具。如果需要染制的纸张量很少，则只需准备两个搪瓷的水盆、大排笔和竹竿。如果需要染制的纸张量很大，准备一个大的水槽（可以使用不锈钢或木材）。准备好工具和设备后，就可以开始准备染料汁了。制备染色汁时，应注意调整染色汁的时候，最好一次性调整好充足的汁液，以免短缺后重新调制。因为重新调配染料汁的颜色通常与旧的染料汁不完全相同，因此，染出来纸的颜色也会存在差异。

制备染色汁时所用的染料量取决于染料本身的颜料含量和水中可溶物的量，以及要染色的纸张数量和颜色的深浅，还需要考虑水和气候的条件。因为整个过程存在很多的不确定因素，很难指定一个固定的比率，必须通过色彩测试测量来确定。试色测试是在染料汁混合过程中，用小纸测试着色的颜色是否接近原书纸。如果颜色比较浅淡，就慢慢添加颜料，如果较浓就加入一定量的水，直到匹配到适宜的颜色。根据这样的原理，色彩调制还应掌握"宁浅勿深"的原理。如果进行大量的颜色测试，在各种染色汁的制备中积累丰富的经验，就可以在操作过程中更加得心应手了。

为了避免使染色纸出现斑点，使染色更加均匀，必须在染色液中适当添加胶水。胶水可以增加纸张的耐水性并降低柔韧性。配制胶水的比例通常是将 1g 胶水和 60ml 水浸泡一天，水温为 30℃，冬季应提高水温。当胶水不融化时，可以用小火加热，以促进其溶解。胶水的质量和胶水的量直接影响着染色纸的质量，因此需要认真对待，不能马马虎虎。如有必要，添加用胶水和矾水合制的胶矾水，二者之间的混合比为 2∶1。矾水的调配比例通常由 1g 明矾加 7ml 温水浸泡组成。

以下介绍染料汁的材料和生产方法：如果需要的配纸是古铜色或偏黄的仿旧纸，则可以将橡碗子直接放在水中煮，完全煮出橡碗子的颜色。在熬煮的过程中，将 1%~2% 的胶水加入水中，然后使用带有筛网的大水槽，将煮沸的染料汁倒入过滤容器中。此时，可以在染色汁仍然很热的情况下快速对纸张进行染色。用橡碗子制成的染汁进行染纸具有相对高雅、色彩均匀且不褪色的特点，非常适合修复书籍。在不生产橡碗子的地方，可以在干净的水中煮沸槐花和栀子花，随后添加胶水，煮沸后将其过滤到容器中。另外，可以使用红茶、糖色，并加入一些明矾将其煮出颜色，然后过滤茶叶（或将茶叶包裹进布内）并加入胶水制成茶色染料汁。

需要关注的是，在对纸张进行染色时，染料汁必须保持一定程度的热量，通常在煮沸后使用。如果是冷的，应在染色前将其加热，否则染料就会有不上色的情况，并且在纸张不会轻易渗透，这样染出的纸可能会出现污渍。在没有植物染料的情况下，使用国画颜料作为材料也可以制成染汁，达到理想的效果。中国古代绘画颜料包括赭石或赭石膏、藤黄等。赭石在使用前必须先进行细磨，只能在没有渣颗粒的情况下使用。如果研磨不方便，则可以使用管状赭石膏来代替。使用赭石或赭石膏会更加便捷，但优良率稍低，成本较高。藤黄在使用前应先用冷水洗净，然后通过网眼或纱布过滤，然后与热水缓慢混合即可。在混合配色过程中，为了使染色液具有适当的色度，在研制染料的过程中可以连续进行纸的颜色测试。当需要深色时，可以稍微调整墨水量以匹配原始书页的颜色。

对于生产用于染色其他颜色的染料，除了不同的染料和颜料外，其生产方法与旧纸的制备方法大致相同，例如对旧有的白纸进行染色。染料是花青、徽墨的标志混合。详细的方法是使用花青和少量的徽墨与纯净水缓慢混合，使水变成浅灰色。

染纸的具体操作方法有以下几种。

（1）排刷法。

将三四张需要染制的纸张叠放在木制的工作台上，然后使用排笔蘸上染料，将其刷到纸上。在这个过程中，刷出来的颜色从浅色到深色，逐层加深，直到适中。一次不能刷过多的染料，因为纸张的染色从浅到深比较容易，从深色到浅的操作过程就会比较困难，如果一次性将纸张染成深色后，就不能再改变纸张的颜色了。除此之外，排笔的使用不应该向东或向西刷，而应沿着纸张的纹路一笔一笔地进行，颜色应尽可能地刷均匀。刷完一叠纸后，再放置一叠纸，然后按照上述的方法继续染制，待颜色完成后，将纸放置在竹竿上晾干。等到纸变得半干时，将之前的纸摞拆分成若干份进行晾晒，直到最后变干将其压平整保留。通过干燥和拆分的方法晾晒的纸张颜色都十分均匀，如果直到完全干燥后再进行纸摞的拆分，页面的颜色就会有所差异，并且很难轻易拆分。

（2）拉染法。

要对大的张纸进行染色，可以使用特殊的染料槽，将染汁倒入槽中，然后用双手握住纸的一端，然后沿槽慢慢吸引染料。将整张纸浸入染色汁中后，将其拉起来，放在杆子上晾干，然后弄平以备后用。

（3）浸染法。

该方法通常用于对棉纸进行染色。将棉纸放入染色槽中，将染色汁倒入槽中，然后用手压纸以使染色汁渗透到纸中。纸张变色后，将其拎起来并分成几摞，放在通风的地方，使其晾干至一半干燥时逐层拆分，将其全部晾干并压平整以备后用。

如果仅对连口用的棉纸进行染色的话，更容易制备染料汁，使用红茶和糖色，并在煮沸后就可以直接使用。

三、连接书页开裂的书口

中国古代书籍的页面大部分是中间折叠的双页形式，中间的缝隙朝外。如果长时间阅读或磨损书籍，则书籍开口或书籍中心的接缝会裂开。一开始是半开的形状，然后逐渐完全崩裂。出现这种情况后，一本书的一张页面将变成两个单独的页面，不仅阅读不舒服，而且容易损坏和粘住。尽管有些书页的书口没有破裂，但中间的接缝磨损得很薄，一经触碰就会破裂，这是修复书籍中最为常见的问题。

修复书籍的开裂书口工作叫连口，在北方地区也有叫"溜口"的习惯，简而言之，就是在破裂的书本开口处用纸和纸浆黏合在一起，可以修复两个单独的页面。这是修复书籍书页的余下准备工作，看起来比较简单，但同时也很费力。除了在连口之前可以修复的书本书口的破损之外，页面其他部分的损坏都是在连口之后进行的。这是因为在修复书籍的过程中，由于灌浆的影响，书页会发生拉伸、扭曲和变形。如果这时候的操作顺序被打乱的话，则书本的边缘将难以对齐。同样，当修复古书进行到"金镶玉"或衬纸的流程时，无论书本的书口是否破裂，都必须首先进行连口的修复工作。否则，原书的书口就会很容易裂开。

用于修复书口的材料优选的是质地松散且坚韧的细薄棉纸。上海棉纸、河南棉纸和贵州棉纸更为合适。但是在这个过程中不能使用质地紧实的厚棉纸，否则在之后锤书的时候就会增加工作的难度。如果使用厚棉纸连接册帙较多的书籍连口，书本不仅会不平整，还会形成书口高、书脊低的斜坡，整本书的视觉效果非常不好。

可以将用于修复连口的棉纸切成整个长度上约1cm宽的条形。在裁切的时候，根据纸张的垂直纹路进行裁切。如果按照水平纹路裁切的话，棉纸将失去其硬度并会降低纸的韧性，在修复的过程中，纸条就会被撕裂。此外，纸条的颜色选择必须要恰当合适。黄色书的页面应与旧有的淡黄色棉纸连接，以使颜色一致。如果将灰黄色的竹纸书与白色棉纸连接起来，最后在书口处就会出现一条白色的带子，对于整本书的外观有着非常大的影响。

修复书口的具体操作步骤是：将书页在工作台上摊开，有字迹的页面朝下。如果书的接口处完全裂开，还需要将两页拼在一起。在拼接时，不要将单独的两页连接得过于紧密，也不要将书页互相交错，否则折叠时会出现毛口不规则现象，对书本的整体造型产生不好的影响。但是，两个单独的页面相距得太远，在折叠页面时，页面折痕处仅剩一层薄棉纸，这不仅不美观并且会影响牢固度。因此，在处理连口时，需要注意正确连接接缝口，以使连接的书口看起来美观，柔韧性和牢固度也在线。

在修复书口时，先使用左手的拇指和中指抵住需要连接页面的书口处，以使页面无法随意移动，然后再用右手握住浆笔，将其浸入预先调制好的浆水中，然后在书本的书口处涂抹。涂抹纸浆的宽度应基于连口纸带的宽度，纸浆应均匀地铺开。然后放下笔，用右手拉出一根纸条，捏住纸的底部边缘，然后将其粘贴在书口的底部。粘贴后，将纸沿着书本的开口拉直并粘贴在整页书口上，然后使用吸水纸，将吸水纸垫在书口处，然后用右手的手掌触摸数次垫纸，以使纸条牢固而均匀地黏附在书本的书口上，再提着书页两边的书脑处，小心地拿起纸。拿纸的时候注意使用的力度，否则新连接的书口会再次断裂。抬起页面后，将其放在吸水纸上吸收水分，放置时，已连接的页面应一张张交错，而不要整齐地堆叠，否则页面会粘在一起并且使书口处不容易变干。在连接页面后，需要清理工作台，然后开始连接另一个书口。如果工作台上有残留污泥，它将粘在下一个书口处并弄脏书的页面。

由于某些书页质量较差，当在书口涂抹浆水时，纸张会迅速膨胀，书本的两个侧面无法很好地对齐。在明末吴兴闵齐伋刻印图书所用的纸本非常有弹性。一旦这本书的书页沾满浆水，它们就会立即膨胀起来。有时，在书的开口处有很多小折痕，这导致书的页面折叠并且书口处会弯曲，整个书籍的连口工作就会很难进行。在这种情况下，除了调节浆水的浓度以减少浆水在纸上的溶胀效果外，还必须采用快速抹浆、快速连口、快速夹干的操作方法，并努力在书页膨胀前完成连口的工作，防止出现上述不好的现象。

书口磨损过多的页面更难以修复。如果不分辨磨损情况，将页面缝合在一起，连接的页面就会产生不同的宽度，书口的边缘也会对不齐。在这种情况下，应该首先选择磨损最少的页面，根据其尺寸绘制标准页面，然后将此标准书页按在玻璃或透明塑料片下面，再根据其尺寸进行连口的操作。如果书籍的书口处破损较为严重，使用修复书本补破的方法，选择具有相同纹理和相似颜色的纸张首先修复好书口处，然后使用棉纸进行连口，以便保持书口的距离和宽度。

而且，一些没有底纸的棉纸书用精心裁切的棉纸难以捶平。有时力气用多了也会使得连口处折断。如果碰到这种类型的书，则可以使用一张薄纸，该薄纸比书口受损部分大，连接的方法是先根据书口中的损坏程度涂抹浆水，在损坏较大的区域涂抹的宽度也需要随之加大，然后根据书页的纹路将棉纸放在浆水上，再根据纸浆的宽度切掉多出来的棉纸。预切棉纸的尺寸是固定的。用这种方法撕成的棉纸具有不同的宽度，不同的纸茬堆叠在一起，凸度是均匀的，更容易捶平它们。

四、破损书页的补缀

在收集和流通过程中，一些书籍会由于人为因素和自然因素（物理因素、化学因素和生物因素等）遭到破坏。在这方面，必须根据不同情况采取适当的措施以使其恢复到完整状态。修复的工作质量也是书籍修复的关键组成部分，专业人员应该认真对待。

对破损的页面进行补缀在技术操作中必须遵循以下这些规则。

（1）准备各种材料和工具，例如纸张、浆水、浆笔、排笔、棕刷、吸水纸、塑料薄膜、小木板、喷水壶等。

（2）修复工作要认真细致，力求完美。对于可能出现的问题，必须事先加以考虑，并且必须设法一次性解决问题。如果急于进行修复，撕毁书页或由于考虑不周而犯错，将会增加很多工作量。在很多情况下对于修复不到位的页面会进行二次修复，二次修复不如最初的修复容易。明代周嘉胄在《装潢志》中提及，珍贵的文物，例如古籍、书画，遇不到技艺精湛的技工时，宁可保存旧有的物件，也不要贸然修复，这是有一定道理的。

（3）较小的损坏不需要拆分全书即可修复。只需用手指或竹签找到书页的中间层，打开书页并在上面贴上塑料膜，即可对其进行修复。必须按照操作程序拆开书本，以修复比较大的损坏。拆分时要小心谨慎，以免造成进一步的损坏。

（4）为防止页面变形，在修复书页之前应使用喷水瓶将水均匀地喷到页面上，使其稍微湿润些。

（5）用于修复损坏页面的纸张在颜色、厚度、外观和纹理方面应尽可能接近原始页面。

（6）在修复页面之前，应测量原始页面的纸张纹理和修复纸张的纹理。修补时，使两纸的水平和垂直纹路趋向一致，否则，完成的页面将会不均匀且没有理想的外观效果。古代的书纸质地比现代书纸质地更复杂。现代书纸的纹理主要是垂直的，而古代的书籍，尤其是棉纸旧书的纸有水平和垂直两种纹理。确定纸张纹理的简单方法是将纸张撕开一个小孔以便观察，如果在破口处是平直整齐且干净无残茬，则其纹理是垂直的；如果破口处是不规则且有残茬，则其纹理为水平。但是，该方法不能用于确定要修复的古籍书页的纹理，这种办法将损坏页面。因此，只能使用喷水的方式将页面的顶部或底部弄湿然后晾干。这时，水平纹理纸张会收缩，垂直纹理纸张不会有太大变化。

（7）在修补书页刷浆时，浆笔要顺着纸张的纹路抹刷。

（8）用于修复书页的纸浆水的浓度必须适当地进行调配。浓度取决于要填充的片材的厚度、纹理的厚度和吸水量。对于棉纸类或厚纸页的书页，纸浆应稍浓一些，否则在修补的时候柔韧性会下降。对于用薄纸制成的书页，应使用浓度较低的纸浆，否则会使书页起皱，压不平整，捶平的过程也很复杂。但是，当纸浆的浓度较低时，纸浆的黏度会下降，并且容易掉落，没有出色的修复效果。因此，纸吸收的水量与纸浆的稀稠度密切相关。

（9）避免过度刷浆，否则页面干燥后会变硬变脆。无论进行哪种修补，都必须用刷将多余的纸浆挤出书页。

（10）修复页面后，及时使用吸水纸吸收缝隙之间残留的纸浆，以免页面之间粘连。应经常清洁工作台，以防止剩余的纸浆粘在书页上。

下面分别说明各种原因造成的页面损坏及其修复方法。

（一）书页孔洞的补破

页面上的大多数孔都是被昆虫（钻手、白蚁、银鱼、蟑螂等）和老鼠啃食的。在修补这类型的孔洞之前，必须首先从书本页上清除蠕虫的粪便和撕碎的纸片。清洁方法是使用毛笔或小刷子轻轻将其除去，如果污迹没有掉下来，请用刀轻轻刮擦或用砂纸轻轻擦洗。刮擦到孔周围有纤维的程度，不要损坏书页面的文字。

具体的孔洞修复操作步骤是将要修复页面有字迹的页面朝下放在工作台上，然后取出相应的纸张，查看纸张边缘是否光滑。如果边缘光滑，先将其撕下去一部分，因为边缘光滑的不容易粘在书页上，也不容易弄平，因此，不适合使用光滑的边缘修复书本。撕下光滑的边缘后，纸张边缘将有残茬，该残茬是处于分散状态的纤维。最适合使用此类纸张来弥补裂纹，易弄平整，最后的效果也很好。

修理书本页上的孔洞时，请用左手握住相应的纸，用右手握住纸。将纸浆均匀地分布在孔周围，请勿将其铺开太远并粘在修补区域。涂抹浆液后，用右手的食指和拇指修补区域，然后用左手撕掉多余的部分。如果纸张不易撕裂或较厚，则可以在撕裂之前将钢笔浸入少许水中，并在孔周围画水印，以使其更易于撕裂。修复孔时，如果孔较小，则可以填充四个或五个孔以抬起页面，然后修复其他孔。如果是大孔，则需要打个孔然后翻页。如果在打开整个页面之前等待修补整个页面上的孔，则页面会粘在工作台上，并且在打开时很容易断裂。

修复书籍页面上的孔时，首先需要处理页面中间的孔，然后再修复页面外侧的孔；首先修复的是页面上的大孔，然后是小孔。通常情况下，应该按照这样的步骤进行操作，否则，修复完成后页面将不均匀，并且即使喷水后也难以处理，也难以弄平。

如果页面有一半严重受损，但另一半损坏并不严重，则需要先将严重受损的一半进行修复，然后将其翻转修复另一侧，以使工作更顺畅。整个页面修复完成后，再将页面翻转过来，然后用手掌按摩打补丁的点使其发黏、平整。按压平整后，把书本取出并放在吸水纸上，然后进行下一张页面的修复。修复后的页面不应堆叠在一起，应交错排列以防止粘在一起。

（二）书页边角的补破

有一些昆虫（例如蟑螂）和老鼠会专门咬在书页的边边角角。要想修复这种类型的损坏，最好使用旧纸张边缘作为修复的配纸。由于书页的边角长时间暴露在阳光下，颜色总是比书页内部的颜色要深，因此，用旧纸边缘修复边角处可以达到和谐的色调效果，但是也需要关注页面内的颜色。如果选择的配纸颜色太深，将会影响整个页面的美观。所以，选择可以修复书页边角的配纸，其颜色与原有书本的颜色不能有太大的差异。

（三）书页霉坏的补破

细菌和真菌不仅会使书页滋生霉菌，而且还会使书页形成霉斑。至于处理霉斑，在前面的阐述中已经做过详细全面的介绍，以下着重介绍对发霉的页面如何修复。

如果发霉的页面字迹被完全损坏，就没有办法进行修复了；如果仍然可以识别一些字迹，在漂洗后可以用托裱法进行下一步的修复工作；如果局部书页发霉，可以在漂洗后使用补破的途径进行修复。

修复书页上的局部霉菌时，首先必须查看该页纸的状况。如果纸张质量良好，可以在页面局部发霉部分的背面粘贴一小块棉纸，粘贴的棉纸应比发霉处稍微大一点。与原书霉菌处一样大的话，在之后进行锤书的步骤书会将棉纸连同霉菌一块带下来，会对书籍的页面造成难以修复的问题。

（四）撕裂书页的补破

人工和机械的原因均可导致页面的撕裂。如果仅撕开一页或几页，并非撕裂整本书，修复这样的问题可以采用一种简单的修复方法，不需要拆开整本书，只需要对损坏的部分进行修复。操作步骤是：首先用手指或竹签打开页面的中间层，垫上一块塑料薄片，然后使用稍硬的纸作为垫纸。这张纸的宽度约为10cm，长度比损坏处长一点即可，将连口需要的棉纸条放在刚才的垫纸上，并在棉纸条上涂上纸浆水，然后从中间层将纸垫与上面覆盖有纸浆水的棉纸条一起拉开，上下对齐。然后在有棉纸条的页面垫上一张吸水纸，用手掌按几次，然后等棉纸条和书页粘牢固后，可以取出垫纸和塑料薄片，使用吸水纸将其固定在页面内部，压上重物，待吸干后将其从衬纸中取出吸水纸，然后用剪刀剪掉多余的棉纸条。

如果撕裂间隙不是很长的情况下，可以将书摊在工作台上，然后用手或用竹棍提起受损页面的中间层，将提起的部分卷成筒状并用木板轻轻支撑住。再用左手的食指和拇指按住受损区域，右手拿着毛刷蘸上纸浆涂抹到连口处的棉纸条上，将这张棉纸粘贴在书的撕裂页面上，盖上吸水纸和木板，用重物压平整。等页面干燥后，取出木板和吸水纸，切掉多余的棉纸，然后进行最后的捶打步骤。

如果整本书的页面被撕裂太多，必须将书拆开进行修复。在修复的时候时，书页应像连口一样一张一张地铺开，用棉纸条进行修复，在修复完成后重新进行装订。

（五）被挖书页的补破

在修复书籍的时候，有时在书页上会有部分被挖掘的痕迹，这种一般是前辈盖章的地方。修补此类书籍页面时，尤其需要关注纸张的选择，因为书籍上的图章通常会在页面比较明显的地方，如果没有选择到合适的纸张，修补处的颜色就会与原书的颜色存在较大的差异。如果很难寻找到合适纸张的话，可以在原本书页后脑的订线眼里面剪下来一小块纸，修复盖图章的区域。具体的操作步骤就是，首先用刀在书页被挖的部分刮出纤维，将纸浆涂抹在挖出部分周围，其次将准备好的纸块与图案纸对齐并粘贴在上面，再次用手掌按压几次使其粘牢且平坦，顺手提起以防止书页粘在工作台上，最后，剪去除多余的纸。

此外，还有另一种修补被挖掘页面的方法，该方法是将从页面背部切下的配纸放在由软木制成的木板上，将需要修复的页面顺着纸张的纹路放在刚选取的配纸上面，在上面压好木板以防止页面移位。然后使用大头针在书被挖掘的页面周围划出一道印子，使得配纸和被挖掘页面的大小相同，再用棉纸条将页面和配纸粘在一起，使两者固定在一起。翻转书页，去除印子之外多余的配纸，将纸浆涂抹在页面背面受损区域周围，用棉纸条修补受损区域，然后盖一块纸并用手掌按几次，将其翻转并取出粘在前面的棉纸。在修补的区域喷些水，上下都贴上吸水纸，盖上木板，上面压好重物，在干燥后除去重物、木板和吸水纸。由于选用的配纸与原书页面纸张一致，并且有着一致的纸茬，因此，在修复破损处采用这种方式几乎没有修复的印记。

（六）两面有字书页的补破

常见的古籍一般正面书写，背面空白，所以在修补的时候只需要考虑有字的一面即可，背面无需多加修复。古籍修复当中会遇到一些特殊情况，如有的古籍两面都有字。这种古籍的修复难度十分之高。通常情况下，对于这种古籍的修复，有两种情况。第一种情况，古籍保存良好，只需要将两面文字有破损的地方进行修复就可以。第二种情况，也是更难修复的情况。当古籍破损比较严重，或者有污渍时，在修复之前应该了解古籍所使用的纸张，弄清楚纸张当中所含有的成分，再进行修复。当然在实际操作当中可能也会出现很多问题。如果破损处刚好位于有字迹的地方，那么如果修复了正面有字迹的地方，可能就会影响到背面的美观程度。因此，对于这种书籍进行修复的时候需要格外小心，并提前制定好修复方案。

所以两面有字的书页的修护，关键是不要损伤书页两面的字迹，否则，就会破坏书页的原貌并影响阅读，而违背了古籍修复的基本要求。

解决这个问题有两种办法。

（1）书页分揭法。这种方法适用于书籍纸张比较厚的情况。顾名思义就是如果一页纸上的两面都有文字的话，这时候将这一页纸分开，分成两张纸，再分别采用单面修复的方法，对这两张纸分别进行修复。但是这种方法并不适用于所有的书籍，因为很多书籍所用的纸张非常薄。因此，这种方法的实用性并不是很强。

书页分揭法的具体操作过程如下：准备好与书页大小相仿的毛边纸，在粗涩的一面刷上一层稍厚的糨糊，把待修的书页夹在两张毛边纸的当中粘住，但纸边不能粘在一起，否则分揭书页时就无从入手。糨糊干了以后，用双手分别拉住毛边纸的边沿，均匀用力地把夹在中间的书页慢慢拉开。这时，一张书页就被分成两个单页粘在毛边纸上。再把粘着书页的毛边纸浸湿，使二者分离，接着把分离后的书页放在铺平的塑料薄膜上，用毛笔蘸水洗去粘在书页表面的糨糊，洗不净的再用竹启子刮去。这以后，就可以按照常规的修复方法进行补破了。书页补好后，如果仍要合成单页，那要在书页半干时把两个单页按边角背对背地对齐，对齐后在书页的一端压上尺板，然后掀起上面单页的一半，用排笔在下面的单页上涂抹浆水，用棕刷刷平，便将上面书页被掀起的一半放下，再掀起被尺板压住的另一半，同样用排笔涂抹浆水，刷平。接着揭起合好的书页，放在吸水纸上，上面再盖上一层吸水纸，用棕刷用力再刷几下，使其牢固、平整，然后压好、夹干即可。

另一种方法是，在分层揭纸时，不用毛边纸，而用比待修书页面积较大的粗丝白布。其刷浆、揭开、分离、洗浆、合页等操作方法，与用毛边纸相仿。

单层薄纸和已经糟朽、焦脆的书页，绝不能用分揭法补破，那样会越揭越破烂，最后甚至难以修复。这种书页的补破，只能用透明度较好的棉纸修补，并设法尽量少盖一些字迹。玻璃纸透明度虽好，但一湿水，纸张就扭曲不平，即使压平后也不易平整，故不宜使用。近年出产的透明薄塑粘条，也可以用来修补这类书页。但这种粘条补上去后就不能再拆，否则会连书页上的字迹一起粘走，这是要注意的。

（2）嵌补法。这种方法也可以用来修补两面都有文字的古籍。但是相比于第一种方法而言，这种方法比较费时费力也更加考验操作者的相关技巧。因此，在实际操作当中并不作为主流的方法使用。所谓嵌补法，就是把有破损的地方用相同大小的纸张进行填补，从而使古籍有破损的纸张看似是一个整体，没有受到伤害一样。用这种方法修复时，首先要了解古籍破损页面当中实际破损的大小，并根据这一大小来选定嵌补的纸张材料以及尺寸。选择好后，将纸放在书籍纸张破裂的地方。用透明的小纸条，（这种纸条上还要蘸浆水）沿着需要补的地方进行一圈填补。需要注意一些程序，首先要在字迹比较少的地方进行修复，如果字迹过多，一旦操作不成功，那么对古籍的伤害就越大，因此，选用字迹较少的地方进行修补，可能造成的影响就没有那么大。修补完成之后，将其压实，然后放在平稳的工作台上进行自然风干。

五、糟坏书页的裱补

糟坏书页包括下列几种：①因潮湿后发酵，或遭受霉菌腐蚀，已经大部分糟朽的书页；②虫蛀、鼠咬严重，已经大部分残破的书页；③遭风伤，或经日晒，或因烟熏火烤，纸张已大部焦脆的书页等。

裱补法又称托裱法，北方也叫"浆衬"。选择和纸张尺寸、纸张材质基本一致的纸张用浆水对整张书页进行涂抹，从而达到加固防止其风化的效果。托裱法和以上几种方法相比，实用性比较强，同时成本也比较低，是目前使用较为广泛的一种方法。但是在实际操作当中并不适用于所有的古籍修复，有的古籍损坏程度并没有那么严重，其实不需要将整面都进行修补，因此，除了那些损毁极为严重的古籍采用该方法之外，一般情况下还是尽量采用普通修补办法。这是由裱补法的自身性质决定的，这种方法需要将书籍的一整面都涂上浆水，而浆水中含有大量的高分子蛋白质。在长期的保存中如果保存不得当，可能会吸引一些昆虫，进而影响书籍的保存。同时由于采用了大面积的浆水操作，很容易引起纸张皱缩，这对于古籍保护来说也是极为不利的。

现把各类糟坏书页的具体裱补方法分别说明如下。

（一）糟朽书页的裱补

糟朽严重的书页，在细菌、真菌的作用下，纸质大部分霉坏，表面像棉花絮那样粘成一团，失去了韧性。对这类书页的裱补，首先要准备好材料。裱补用纸，一般选配拉力强、韧性大的薄棉纸，竹纸书则可采用毛太纸，白纸书可用棉连纸或粉连纸，但纸质都要薄的。选配好的纸张要预先裁好，裁的尺寸要比原书页稍大些。还要备好抹浆用的长锋羊毫笔和长 50cm、宽 40cm 的塑料薄膜（油纸也可用）。裱补用的浆水要稀，大体上是 50g 面粉兑 2kg 水，具体操作时还应根据书页厚薄和气候条件来定，气候干燥时可以适当稀一些，气候潮湿时可以适当浓一些。材料准备就绪，就可以开始裱补工作。

裱补的具体操作过程如下。

第一道工序是铺放书页。首先把塑料薄膜放在洁净的水里浸泡，浸泡之后，放平贴在工作台上。用洁净的抹布将上面的水擦干净。自然风干之后，把需要修复的书页铺在塑料薄膜的上边。对于那些缺损比较严重，或者保存非常差的书页，要格外的小心，因为这些书页在拿取过程当中可能也会造成伤害。通常情况下用镊子轻轻地夹起一页，然后放在塑料薄膜纸上。铺好之后，先用喷雾器轻轻地喷上一层薄薄的水雾，从而防止书页因为摩擦而滑动。在喷水的时候也要注意，因为很多书页由于破损表面呈现凸凹不平，如果在喷水的过程不注意小心，有的地方受水会不均匀，为后面的工作带来困难。所以在喷水的时候需要将书页的四角压平，尽量地将整张书页都能够和塑料薄膜紧贴。操作人员在这个过程当中，尽量佩戴口罩，如果条件不允许，操作时也应该轻轻呼吸，尽量不要让气息影响到操作的精准水平。如果在操作过程当中发现书页有凸起的地方，要及时用细毛笔蘸水，轻轻地将这一块儿凸起抚平，若不抚平，对于后续的一系列操作，也会带来影响。

第二道工序是涂抹糨糊，这是关键性的工序，要细心地去做。涂抹糨糊的时候，手怎样拿、笔怎样操作也有一定的规定，对于操作者的要求也更高。在操作的时候一般用右手拿起笔轻轻地涂抹。要求是要做到涂抹均匀、力度一致。涂的时候应该从书的中间开始向两边涂，向两边扩散。不能从两边向中间涂，如果从两边开始涂，很容易就把书籍的纸张弄破损。因此建议从中间向两边开始涂，这样不仅可以节省时间，而且涂出来的效果也比从两边向中间涂的效果要好。在涂的过程当中需要注意力度，需要修复的古籍往往是那些年代久远，同时受到破损的古籍，因此它们是非常脆弱的，一点点细微的动作可能都会对其造成很大的影响。涂抹时一定要按照步骤，并且力道均匀、力气要小，这也是很重要的一步。等整张纸都涂满了浆水之后拿起裱补的纸盖在书页上。先从右边开始和书籍的纸张紧密贴合，并且用刷子轻轻地压实已经黏合的地方。这也是一道比较考验人耐心的工序，等到整张纸都完全黏合在书籍上之后，需要用刷子再刷一遍，这是为了保证裱补的纸后期不会翘起，同时也保证这一道工序的高效完成。

（二）虫蛀鼠咬严重残破书页的裱补

一般虫蛀鼠咬的书页，可以用孔洞补破的办法处理。但蛀咬严重、已经无法用补破办法的书页，则应采取整页裱补的办法。

具体操作过程如下：材料准备与糟朽书页的裱补相同，另外还要准备五支小档排笔。裱补程序，也是先在书页下垫上浸湿后的塑料薄膜（或油纸），并用抹布擦去表面的水分，然后把书页正面朝下铺放在薄膜上，稍微喷点水，再用小档排笔蘸足浆水，均匀地在书页上刷浆。刷浆时要注意用力轻巧，不能使书页起皱或打折。

（三）焦脆书页的裱补

这种情况常见于北方，因为中国南北地区气候差异非常大，北方降水较少，较为干旱。同时由于北方多沙尘暴，这也会给古籍的保存带来一定的阻碍。尽管在北方地区古籍受到虫害的影响比较少，但是由于气候过于干燥，大多数古籍都会发生风化。

对于焦脆书页，可以根据其损坏程度采取不同的补救措施。对于那些损坏程度较小的书，只需要用清水轻轻冲洗一下就可以了。在冲洗过程当中，注意水流一定要平稳不能过大，过大的话，就会使纸张受到损害，因此，建议用比较细的水流进行冲洗。

六、黏结书页的揭补

书页黏结一般多由于水湿或浸泡引起，有两种情况，一种是单纯水湿引起的黏结，这是由于书页和书页间的水分挤掉空气以后产生的粘连，没有黏合剂介入，比较好处理；另一种是黏性物质引起的黏结，这是由于书页沾染或浸泡在含有黏性物质的液体中形成的。其黏性物质有的是液体中原有的，有的是印书墨中的胶质成分经水浸而稀释出来的，这些黏性物质可以使书页黏结得很紧密、坚固，甚至使整册书结成一块"书砖"或一团"饼子"，处理起来非常困难。

黏结书页的修复，主要是根据书页黏结程度及纸张好坏等情况，采取各种办法把粘牢的书页逐页揭开，同时要修好因黏结而受到的损伤。这两项工作合起来就叫"揭补"。

对于因单纯性水湿造成的书页黏结，可以采取简易湿揭法处理。

简易湿揭法即就湿揭页，如果书页没有破损，就连拆书工序都不要，只要把整册被水洇湿的书籍平摊在工作台上，用竹启子或镊子一页一页地揭开即可。整册书页都揭开后，把它放置在去湿机或通风口晾干，等晾到八成干的时候，便可把书本合起来，上下用夹书板夹好放进压书机中压平（如果没有压书机，可以其他重物代替）。揭开的书页不能放到太阳底下晒，因为晒干的书页七翘八裂，很不容易压平。

揉搓法也叫干揭法，这也是一种简易揭补法，它适用于受湿时间较久，书页已经发干，但整册仍黏结在一起的书籍。具体方法是：用双手拿住黏结的书籍的两头轻轻地反复揉搓，等板结、发硬的书页被揉搓到松散、软和时，再用竹启子或镊子逐页揭开。揭页时如发现书有损伤或脱落，可用补破办法随时修补。如果发现这一页的纸块黏结到上一页了，要小心地揭下来，贴补到破损的地方。

揉搓法操作简便，效果也比较好，但由于揉搓时容易伤纸，所以它的应用范围只限于纸质较好的普通版本书，凡是霉烂、糟朽、焦脆或纸质脆劣的书页，便不宜采用。至于珍本、善本书，更不能用这种办法揭补。对于霉烂、糟朽、焦脆或纸质较差的书页，应参照糟坏的书页修补法进行揭补。由于这类书页都怕水湿，不适宜湿揭，能干揭尽量干揭。

对于因黏性物质引起的黏结，不能用简易揭补法处理，那样会把书页揭得破烂不堪。处理这类情况，可以采用热水浸泡法或蒸气穿透法。

热水浸泡法的操作过程是：先准备好水盆、开水、明矾、广胶。按3%矾、2%胶的比例，把开水制成胶矾热水，然后把黏结书页放在胶矾热水里浸泡一两日。开水中加矾是为了防止书页的墨色脱散，如果墨色牢固不掉色，也可以不加。开水中加胶是为了加固纸张，防止书页在热水浸泡下松散破碎。书页浸透后，即可开揭。开揭时，不能一页一页地揭，因为热水浸泡后的书页太湿，一页一页地揭容易揭坏，而要一沓一沓地揭，每沓四五张，揭起后一并放到吸水纸上吸去水分，再晾干。如果书页有破损的地方，可以在晾至半干时，按书页补破办法进行修补。

蒸气穿透法的具体操作过程是：先用热水浸泡法把书页浸泡一两天，再用干净的纸把浸泡过的书页包起来，放在蒸笼格里蒸一两个小时。蒸时务求必要热气穿透书页，使书页上的胶性得以溶解，这时揭不开的书页就可以揭开了。要注意的是书页要随蒸随揭，否则书页凉后又会被胶汁黏结在一起。再次黏结的书页比第一次更坚硬，虽然可以再蒸再揭，但比第一次要困难。因此，用蒸气穿透法揭补书页时要尽量做到速度快、质量好。每次揭页时要少拿一点，如果一次拿了很厚一沓，上面的还没有揭好，下面的就已经凉了，那就不好办了。蒸气穿透法对一般由于黏性物质黏结的书页效果都较好，但对纸薄、质差的棉纸书或纸张老化、失去弹性的竹纸书效果就差一些。遇到这种情况，操作上要更加细心，这样或许可以做到顺利揭页，减少破损。

七、补坏书页的重修

在古籍修复工作中，常常会遇到一些修补质量很差的书页，如：①配纸同原书纸张色调不一、质地不一、厚薄不一，甚至随便用一些捡来的杂纸补缀了事，书页被补得如同百衲衣；②连口时把两个单页简单地用糨糊粘贴在一起，甚至书口都没对齐，以致书页皱褶破损；③用厚浆补破，结果把书页补得又皱又硬，非常难看；④浆水的浓度过低，因此粘连效果不好，进行简单的粘连过后，就对书籍进行了存放，时间一久，这些书籍又发生了破裂。

补坏书页的重修，一是揭去补坏的地方，二是根据书页损坏情况进行再修补。揭掉补坏的地方，有三种方法。

1. 干揭法。这种方法适用于过稀的浆水修补过的书页。因为原用的浆水早已没有黏性，一揭就掉。凡这种情形，都可用干揭法处理。

2. 水揭法。这种方法适用于厚浆修补过的书页，这种书页用干揭法揭不开，或会损伤书页，所以要用水揭法。

水揭法的操作过程如下：首先把书籍打开，把书上附带的其他装饰物去掉。同时要把书的每一页都整理清楚，不要存在粘连的现象。这一步骤完成之后，把书放在专用的操作台上，在工作台上面铺上一层纸，这层纸的要求也有一定的规范：不能和古籍纸张发生摩擦，不能和古籍纸张发生反应。选择好后就可以把需要清洗的书页放在纸上了。如果有凹凸不平的地方，可以采用相关工具进行调整，在书页上方再盖上一层纸。这些步骤完成之后，可以采用 70℃~80℃ 的热水冲洗。这一步的冲洗并不是为了洗掉书页上的污渍，而是将书页上残留的糨糊通过热水软化的方式去除，使书页上不必要粘连的地方做进一步的分解。这一步骤是比较简单的，不需要反复进行。当这些书页都能够错开之后，把书页静置半个小时，此时书页已经不再有多余的糨糊了，同时书页的厚度也有了变化。用竹启子轻轻拿掉书页上原本修补的纸张，这个过程需要格外的小心，因为书页刚刚经过水的浸泡，非常脆弱，如果力气过重或者一不小心，书页就会发生破损。这一步骤完成之后，如果发现有少量的糨糊残余，可以再用竹启子轻轻地刮掉，注意这个过程并不是所有情况下都会出现的，要根据实际情况进行具体的操作。

3. 搓揭法。有时候由于书页保存情况比较差，自身已经发生了非常严重的损坏。以上两种方法已经不再适用，所以最好采用另一种方法——搓揭法，这种方法其实是结合了以上两种方法的相关特点，对其进行了融合。首先要在书页上轻轻喷上一层薄薄的水，然后将书页平摊到工作台上。使书页和工作台紧密相贴，不要出现凹凸不平的地方。这个时候再轻轻喷上一层水，尽量让水可以均匀地渗透到所有的书页，同时不能过于湿润，如果过于湿润的话，会对书页上的字迹造成损害。这个过程当中需要不停地喷水，一旦水干了之后会对操作产生很大的影响，但是又不能一次性喷过多的水，比较考验操作者的技术。

八、短小书页的镶补

古籍出版时，书页都是一样齐的。毛茬装的书籍，尽管书页参差不整，但大小也是差不多的。但书籍在流通过程中，常常会发生丢失现象，有时是整部丢失，更多的是丢失几册、几卷。一部书丢失了几册、几卷，就需要补配，而补配时又很难配到跟原书品一致的书籍。为了使补配书籍同原本整齐划一，需要采取镶补的办法加以修整。

镶补在具体操作上，有拼镶和挖镶两种方法。

1. 拼镶法。具体操作过程是：取出对书页进行修补的替代纸张，这种纸张也是需要经过事先准备的。在材质、颜色、质地上尽量和书籍中的纸张达成一致，这样在修补过后才会有整体的美感。准备好之后进行剪裁，剪裁的要求依据需要修补的书籍纸张的尺寸进行修剪，不能够比原书籍的纸张大。如果在修补过后再进行修剪的话，有可能会损伤到书籍的纸张。纸张的材质和尺寸准备好之后，就可以开始操作了，首先在工作台上铺一张大纸，这种纸尽量要厚，比较方便操作。然后把需要修补的书摊开在工作台上，尽量放正，不要放歪或者倾斜，如果角度不正确的话，可能会影响到后面的操作。书放好之后，开始从第一页往后翻，使这些纸张能够错开，不要发生粘连。当翻到大概十几页的时候可以在中间夹一张厚一点的纸，以作为分界线，如果一次性将整本书籍修补，可能在工作上会有所偏差，因此，将整本书按照工作量分成几次甚至几十次，并用厚纸加以区分。糨糊材料以及糨糊的质地和浓淡需要根据修补书籍的纸张来选择，如果需要修补的书籍纸张本身就比较厚的话，可以采用浓度比较高的糨糊，如果要修补的书籍纸张非常薄的话，则建议使用浓度较低的糨糊，或者使用浆水进行粘连。在粘连之前，应该把桌面清理干净，不要有一些乱物或者是杂物，因为在粘连的过程当中，糨糊具有很强的黏性，有风吹过可能把这些杂物吹到书籍上，粘连的效果就不太好。将桌面清理干净就可以进行粘连的具体操作，把修补的纸张放置在书籍上，粘连完毕后，上面再盖上一层厚纸，用机器施压，使其能够完全紧密地贴合在一起，这也是为了防止因胶水浓度过低而引起翘起。如果只是书页有破损，采用以上的方法进行粘连就可以。如果是要将书页之间进行拼接，则更费精力，需要先接天底再接书脑。同样也是将整本书分成几部分进行粘贴。这些工作都做完之后，可以把书放置在平面的工作台上，任其静置，经过自然风干后轻轻地拿起，查看有没有遗漏的地方。如果出现糨糊溢出或者糨糊粘连的情况，也需要进行相关的处理。

2. 挖镶法。具体操作过程是：先把配补的书页的版心沿版框挖下来。用挑针沿版框处划一条深印。划印的办法是把书页正面朝上，放在一块用软性木材制作的木板上，上面用一根透明尺压住版框，并稍留一点余地，然后用挑针沿版框在书页上深深地划道。一只手拿着书页的左上角，另一只手从左到右轻轻地撕拉版框外面的纸，兜一圈后，版心和框外的纸就脱开了。

书页的版心挖下来后，就可以开始镶补了。裁纸时应注意纸纹走向要与原书一致，而铺纸时也要注意纸纹与原书基本吻合。用毛笔蘸点水在版框的四周划一道水印，拿镊子挑起一只角，把版框内多余的配纸揭开，然后慢慢地撕去，不可把相接的地方撕坏。等到全书一页一页都镶补完，即可夹干、压平、装订。

九、书页的补字、补栏

有些破损的书籍，受到伤害的地方是带有字迹的。所以如果要对这种书籍进行修补的话，就需要对这些字迹进行填充和补全，但是修补的过程，也是比较困难的。如果在修补字迹的时候，字体没有把握好，采用的墨水颜色和原本的颜色不相同，修补之后就不太美观。对于这样的书籍，建议采用补字的方法，也就是哪个地方缺字，只对那一个地方进行修补。其他的地方就不做过多的调整。这样一来既不影响整体的美观，同时又可以修复好古籍。对于那些极为珍贵的书籍来说，这种方法不可行，尽管已经以最小的程度维持原有状态了，修补的过程当中多多少少也对古籍造成了伤害。对于以后的学习研究而言，都是有不利影响的。对于那种特别珍贵的古籍需要采用更加精细的方法进行修补。

补栏，其方法比补字简单。先在工作台上垫上一张比书页稍大的干净纸，然后把书页正面朝上平摊在工作台上，再用透明的有机玻璃尺压在书页缺栏的地方，另在版框线外靠着框线处垫上一张白纸，然后用小楷笔蘸以新研的深浅一致的墨汁，放在笔船槽内，右手拿起笔船和小楷笔，将笔船竖起 45°角，再把笔船靠紧尺板，左手按住尺板，右手握笔，紧靠尺板慢慢拉动。划粗栏框时先拉两边的细栏，然后在中间填上墨色，使补上的栏框与原栏框粗细吻合，划栏框内的界栏时，用细勾笔也可以。划栏框时，要一次划成，不能来回划描，否则新划的线与原来的栏框界线就不能吻合。栏框划好以后，如果颜色太鲜，也可以用棉花蘸着尘土或用烟丝在新补的栏线上来回抹擦几下，以求与书页上栏框的色调一致。

不论是补字还是补栏，使用的墨汁都不能有浸润洇染书页的现象。为了保证这一点，可先用毛边纸试笔，如果墨汁在纸上有浸润洇染的现象，就要重新调研，直到不发生浸润洇染才适用。

另外，有些书根有字的书页，修补时应尽量保持它原有的字样。要格外注意的是，不要把新补到书页上的托裱纸纸边留在外面。裱补书页时，须让托裱纸在书根处缩进一丝，不能稍有长出，否则就会湮没书根上原有的字迹。

十、书页的喷水压平

进行书页喷水压平的目的就是要使书页在进行修整之后变得平整，不会呈现凸凹不平的情况。书页凸凹不平的原因一方面是因为在书籍修复过程当中使用了糨糊，之前已经提过糨糊的浓度对于修复的结果有着非常大的影响，而不论糨糊浓度如何，只要使用，当糨糊中的水分蒸发之后，书籍就会发生皱缩。皱缩程度和书籍纸张的材料有着密切关系。不同的书籍皱缩程度也不一样。但是基本上所有的古籍在进行修复之后，都需要经过喷水压平的步骤。古籍修复经过这一步骤，书籍的表面才会比较平整。

喷水压平不一定要等整本古籍修复完毕之后才进行，有时候在修补过程当中也可以根据实际情况进行这道工序。比如对那些破损比较严重的书籍进行修复的时候，由于修复难度较大，修补一页可能就要花上很多时间，如果等一整本古籍都修复完毕，再进行喷水压平，可能效果就没有那么好了。所以在修复破损较为严重的古籍时，强调可以采用边修复边进行喷水压平的方法。同时，由于南北地区气候差异较大，对于干燥的北方地区来说，在古籍修复过程当中糨糊很容易干掉，因此，需要在修复过程中不断地使用喷水压平，才能够保证糨糊的正确使用。

有些书页修补后，会出现波浪形的皱痕，其原因有以下几种：①纸张本身质量不好；②修补好的书页未经干透就进行折页；③原书页纸张和配补的纸张纹路不对。

十一、防止书页色彩的浸润和烘散

中国古籍中有一种用红蓝格纸印刷或抄写的书籍。这种红蓝格纸在近古时期是用植物染料和矿物颜料（如花青、石青、石绿、朱砂、胭脂等）印制的，19世纪末以来则多用进口的洋红（又名西洋红）、洋蓝（又名洋靛蓝）印制。这种书籍在修补时，红蓝格的颜色很容易脱落，特别是用洋红、洋蓝印制的格子纸，碰到水，其颜色就会受浸润而化开来。

中国古籍中有些书的文字也有用红、蓝、绿、黄、紫等各种颜色印刷，特别是一些名家和皇室的批注，往往是专用彩色印刷的。

怎样才能防止书页色彩的浸润烘散呢？这要根据书页修补面积的大小，采用不同办法处理。

大面积的修补，如书页的漂洗、托裱、裱补以及孔洞多须全页补破和喷水时，其用水量大，就要采取全面性的处理方法。书页连口、小洞小补、小面积喷水等，用水量少，则可采取局部性处理。

要想全面性防止色彩浸润烘散，主要是巧于用矾。矾水有固定色彩、防止颜色浸润烘散的作用。喷洒过矾水的书页，在漂洗、裱补时其色彩就不易浸润烘散。

出现这种情况的时候也可以在浆水当中加入少量的矾，虽然矾作为一种化学原料可能对纸张当中的一些高分子化合物产生不好的影响，对其造成一定的腐蚀。但在固色上，矾却有很好的效果，运用在古籍修复当中可以防止色彩的晕染和散乱，只要控制好用量，矾能够在古籍修复当中扮演很重要的角色。用含有矾的浆水进行古籍修复的时候和正常情况下不太一样，这是因为浆水中加入了腐蚀性的物质，所以一定要控制好量，以更轻薄的浆水来对古籍进行粘连。并且不能够一下子就将整本古籍通过这种方法粘连起来，需要一页一页地进行修补。涂好一面之后，就要立即把书页用相关工具压实，并且进行自然风干。所以说用这类方式进行古籍色彩固色，虽然比较费时间，但是效果很好。

如果古籍损坏程度不太严重，这个时候可以采用比较快速的方法进行粘连，防止因为色彩的晕染使古籍受损。除此之外，还可以先把浆水涂抹在纸条上，用纸条上的浆水蘸古籍纸张，可能效果会更好。在古籍上如果出现了一些非常小的孔洞，也可以采用这种方法，需要注意的是，对于这种情况下的古籍粘连。糨糊的浓度应该比普通情况下的浓度要高，当水分蒸发之后，对于书籍皱缩的情况没有太大的影响。这种方法不太适用于比较薄的纸张，如果在报纸上涂太厚的糨糊，会影响整本书的美观。所以在比较薄的古籍上的破洞进行修复的时候，也可以适当加一些矾。

处理用"宿墨"抄写的书籍，可以使用含有矾水的溶液来取代一般用水，这样可以防止墨色的浸润烘散。也可以采用蒸气法，即用白纸把书页包起来，放在蒸笼中蒸十几分钟，蒸后的书页再修补时就不会发生墨色浸润烘散的现象。但蒸时最好在书页之间衬以垫纸，把书页两面隔开，免得两面的字迹相互印染。

防止书页颜色的浸润烘散还有一个办法，就是在书页正面涂抹一薄层聚甲基丙烯酸甲酯，但是这种化学物质是否会对古籍造成伤害还不得而知，目前正在进行相关的研究。

第二节　善本、珍本古籍的修复

一、善本、珍本古籍修复的基本原则——"整旧如旧"

普通版本古籍的修复要求比较单纯，一般只要把破损之处修补完好，装订成册，便于经常翻阅即可。但对善本、珍本古籍的修复，要求就高得多。善本、珍本大多是年代较早而具有版本价值和文物价值的书籍。为了妥善保持不同时代的善本、珍本的原来风貌，保存它在版刻和装帧方面的艺术特色，修复工作要尽可能按照这些古籍原来的式样进行。所以善本、珍本古籍修复的基本原则是"整旧如旧"。

"整旧如旧"在实际操作当中是很难做到的。首先对于修复者的技术要求就很高，不仅要求修复者对古籍有着全面的认知和了解。同时修复者还要有较丰富的经验。在对珍贵古籍修复前需要做可行性的研究，根据不同古籍的破损特点以及细节性问题制定合适的修复方案。同时根据修复当中所罗列的步骤进行相应的准备，而这一过程也需要耗费大量的时间和金钱。

二、善本、珍本古籍封面、封底、签条、护页、扉页的修复

对于善本的修复，无论纸张是否残破都不应该人为地将其去掉，应该原封不动地保留。哪怕一张纸上，只剩下极小的部分也不应该去掉。因此，对于善本和珍本的修复应该从修为主，而不是将过多的精力放在将其完全复原之上。不只是书籍中的纸张，像书籍附带的一些装饰物，也应该保存原样，不应该随意丢弃或者随意去除。珍本之所以被称为珍本，就是因为整本书及其附加物都具有非常高的艺术和文化价值，哪怕其中的一点丢失，对文化发展来说都是一笔损失。

清代藏书家黄丕烈、吴骞、陆心源等人所藏典籍的封面、护页上，常留有文字或图章印记。清末学者李慈铭，甚至在封面或护页用小字作读书批注，虽然李氏的用书多为普通版本，但他的批注时有独到见解，是学术

研究之有用资料。如果在修复时丢弃了这些封面或护页，也就失去了这些宝贵的资料。

对于已经残缺不堪的书籍，如果封面也受损非常严重的话，可以在修补的过程当中，另添加一页作为封面，但是不应将破损的这一面随意丢弃。如果书籍本身受损较严重，但是封面保存还尚完好的话，就按照对珍本修复的原则进行修复即可。

如果需要修复的古籍封面是用丝织品制成的话，修整时需要将封面平放在工作台上，并且经过一系列复杂的步骤，将其修复完毕，具体步骤上文有详细讲解。如果封面受损较为严重，这时对其修复的过程就比较复杂。首先在桌面上贴一张塑料薄膜，把破损的封面放置在这一层薄膜之上，先将破损封面上喷上一层薄薄的热水，让水将丝织物润浸之后，刷上浓稠的糨糊，这里要注意糨糊的浓度应该偏高。因为丝织品和植物纤维做成的纸张成分不太一样，所以需要用浓度较高的糨糊。由于丝织品比较柔软，韧性比纸张要强很多，所以会出现打皱的情况，在这个时候就需要用手及时地将皱缩的部分捻平整。否则等糨糊干掉之后，这些地方就会凸凹不平，对于之后的修复带来很大的影响。

封面、封底残损过多无法修复时，可以把残损的封面、封底粘在里面，外面另加一层颜色近似的新封面、封底。

修复善本、珍本古籍，也有把修复后的封面、封底当作扉页用，而在外面另加新的封面、封底。这种新封面、封底一般可用绢、绫等丝绸质料或上好的虎皮宣、发笺、蜡笺、洒金纸等制作，有的还用故宫博物院留藏的库磁青等制作，这样才能显示封面色调的古雅不俗。使珍本、善本不失时代特点，也有利于保存。

有些善本、珍本的旧封面、封底，其原有的托裱纸是利用带有文字、图表的旧纸做的，这些纸张当时是废纸，但传到现代都成了有用的东西。上海图书馆 1975 年在修复一部古籍时，揭开它的旧封面的托裱纸，竟发现一张《水浒全传》的残页，虽然是残页，却是一件珍贵的古典文学史资料。

修复的善本上有标签的话，在修复过程当中需要先把标签轻轻地撕下再对书籍进行修复，在修复完成后，要再原封不动地把标签贴上去，以保证善本的完整性。标签制作的时候需要写清楚书籍的名字、作者信息以及书籍的版本，张贴的时候也要尽可能地细致，不要对书籍造成损害。

有些善本、珍本采用四勒口封面、封底，四勒口就是把封面、封底的四边回折成双层。这种封面在质感上比较厚实，能够较好地保护书籍不发生翻卷，因此，是一种使用较为广泛的装帧方法。

上四勒口封面、封底的操作方法如下。

（1）取一张尺寸裁剪合适的面，和需要修复的书籍紧密相贴，要求是要做到大小一致，同时纸张放置的角度要和水平面平行。

（2）双手用力，于书口处面子上压一条印迹，然后根据勒出的印迹把面子的多余部分折回，再在书口处点上三点浆，把封面粘上。

（3）把中间的尺板移到书口处，然后把书册翻转过来，把书脑放胸前，接着再勒书脑处的封面，操作方法与勒书口的方法相同。

（4）书脑处勒好后，再把书直过来，将尺板横压在中间，开始勒天头、地脚面子的多余部分，其操作方法与书口、书脑处相同。

（5）封面的勒口上好后，应把封面四个角上重叠的角料剪去，剪成斜口，并使剪出角的两面斜口对齐。

（6）封面的四勒口上好后，再反过来上封底，封底四勒口的做法与封面相同。

如果书册的书口平直的话，也可以先把书口一边封面余纸回折好，然后按照上单封面的操作法进行操作。用双手的中指和无名指夹住封面，大拇指顶住书口，在书口处的护页上抹三点浆，使封面粘在书册上的副页，然后把尺板压于书口处，把书册转过来，再扣勒书脑和天地头的多余处，做法同上面一样。

除此之外，有些善本，因为年代过于久远，经过多次翻阅，虽然没有较大的破损，但是本身保存也不是特别的好，纸张磨损得较为严重，在修补的过程当中的原则是尽可能地保持这些书籍原来的样貌，而不是把它们翻新。这种情况下修补的难度是比较大的。此时，扣勒方法同勒圆形书角相似，弯曲处也是先剪豁口，再就形折边，这样就可以使书册的封面、封底与原书形状一致。

而对于书籍内页前言部分的修复，同样的也要采用和封面相似的修复方法。如果善本当中所有的书页在此前已经经过后人修复过，那么，此时再次修复难度就比较大。首先需要在已有的装裱纸上涂上糨糊，等到糨糊干了之后对其进行修复，在这一过程当中仍然要注意糨糊的浓度。但是采用这种办法晾干之后，书籍的纸张会变硬，和用水浸润的办法相比，虽然能够较好地保证古籍纸张不受损，但是得到的古籍偏干可能保存难度较大。

三、善本、珍本古籍书页的修复

古书用纸的种类很多，各个时代印书所用的纸张是不相同的。各种纸张由于原料和生产方法不一，质量的差别也较大，因此在古籍修复中，必须认真地做好配纸工作，以保持原书的风貌和特色，否则，就会出现颜色不协调的现象。如有一部元刻本《船子和尚机缘》，因破损严重，前人已做过修复，并对破损残缺的地方进行了配补。从修补配齐的角度看，修复工作能做到这样就算是上好的了，但就是因为配纸工作没有做好，结果弄得"为山九仞，功亏一篑"。原来这部《船子和尚机缘》原本的纸张粗糙，面料枯涩，颜色深黄，而前人修补的配纸却用了质地较好的棉纸，且染色过深呈酱油色，这样，深黄色的粗纸配上了酱油色的细纸，质地既不同，色差又过于悬殊，两者配在一起，犹如破布上补上了新丝绸，看起来非常别扭。

在这项工作中，除了要掌握普通书页的修补方法外，还应严格掌握补破的用纸要求，操作上也要求比较细致。

对古籍当中的纸张进行修补的时候，除了用纸时要注意修补纸的原料以及质感，包括纸上字迹的颜色。最为重要的是在修补过程当中注意纸张纹路。在古代，大多数纸张做工比较粗糙，有非常清晰的横竖纹路，因此，在对书页进行修补的时候，应该保持和原来的纹路一致，而不应该产生相反的纹路，或者是为了节省材料，用边角废料进行修补。如果纹路不一致，首先会对古籍的外观产生影响，原本古籍完整的状态就被破坏了。其次，纹路不一致还会对古籍的保存产生不良的影响，大多数古籍年代都比较久远，一些细微的影响，可能对其来说就是非常致命的。对于古籍的修复，浆水应该是重新制作的，不能用以前制作但保存完好的浆水，尽管浆水制作完成后可以保存一段时间，但是仍然有可能对古籍的纸张，造成一定的影响，因此，建议浆水现用现做。同时粘贴的时候要注意留有一定的缝隙，不能够完完全全地按照修补纸张的尺寸，至少应该留有 0.2cm 的距离。这样浆水干了之后古籍纸张发生皱缩不会引起翘边。

对于比较珍贵的古籍修补过程中的连口，操作这一步骤时也应该格外注意，一般这些珍贵古籍，年代非常久远。根据长期的实际操作经验，可以发现大多数善本磨损较多的地方就是书口，以及书的上下两角，原本的直角磨损成圆形，这种情况的善本修补比较耗费时间。在修补的过程当中以恢复善本原有的样貌为主，不一定要把所有的纸张都修复成直角。在对破损的地方进行修补时，不能够和普通书籍的修补方法一样，应更加细致。可以先用剪刀把这些毛边轻轻剪去，再根据实际情况选择方法。

善本、珍本的进口用纸，一般都应染成与书页相仿的颜色。这是因为磨损严重的书口除了中缝断裂外，横向还有断断续续的小缺口，如果用白色棉纸条连口，折页后书口即呈灰白色，与原书色调不和谐，有损美观。

中缝磨损不多的书页，可以不用染纸粘补，只要以薄棉纸在中缝处稍加黏结即可。

此外，修复这些善本的时候应该保证书籍上原有的每一个字，在修复之后仍然存在，不能因为修补而对书籍本身产生一些伤害和破损。对于过去修复中因连口补破而使原书字迹粘叠在一起的，在重新修复时应设法揭开，以恢复原来面目。修复后的善本、珍本，如果书口或其他修补过的地方显得新异，可以考虑再做一些仿旧的修饰加工。如果书页是白纸的，可以用棉花蘸一点细尘土或烟灰在显新的地方轻轻摩擦几下。如果书页是黄纸的，则可用烧黄土或烟丝在显新的地方轻轻摩擦几下。这样，就可以使新修补的地方与原书色调相似了。

对于善本、珍本中脆朽书页的保存，南京博物院研究出一种罩加丝网的修补新法，并已获得全国文化科技成果发明一等奖。这项重要发明，尤其对双面都有文字的书页的修复具有特殊功效。

四、善本、珍本古籍在装订上的特殊要求

善本、珍本的装订，在衬纸、拆装、穿线、书角、书套等方面都有一些特殊要求，下面分别做些介绍。

（一）"整旧如旧"的衬纸法

有些善本的头尾写满了批注，但是在修补的时候，需要对这些纸张的头尾添加衬纸，可是一旦添加衬纸就会损害这些纸张头尾部分的文字。在这种情况下，对善本进行修复的时候就需要采用"整旧如旧"的方法来保护好善本当中原本存在的一些文字，不对其造成伤害。

"整旧如旧"的衬纸法主要是裁切适合善本、珍本专用的衬纸。裁切的方法如下：首先，在衬纸上薄薄地喷一层水，水喷完之后，将其放置在水平的工作台上，用相关的工具轻轻地压平，以保证没有翘边。这时拿出需要修补的古籍，对准衬纸的四个角把古籍的纸张放在工作台上，然后用比较厚的纸，将古籍纸张进行覆盖，防止在操作过程当中古籍的纸张和衬纸由于摩擦，产生移位。最后在古籍纸张的顶部放上刻度尺，左手按住尺子，右手根据实际的尺寸，对衬纸进行裁剪。

需要注意的是，在用衬纸对古籍的纸张进行修补的时候要选用和古籍颜色一致的衬纸，防止因衬纸掉色对古籍造成影响。

在选材时除了要注意衬纸的颜色和质地之外，对称纸的剪裁也有一定技巧。使用衬纸的时候，尽量将其剪成和需要修补的古籍纸张大小一致的尺寸，但是不能一次性把整本古籍修补需要的衬纸一下子剪裁完毕，因为古籍修补过程是一个会发生很多突发情况的过程。在进行衬纸的剪裁时，尽量先剪裁一部分，等对整本古籍有详细了解之后再进行下一部分的剪裁。

（二）善本、珍本在复印时的拆开和重装

随着社会经济的发展，科学文化事业也伴随着经济开始有了新的飞跃，人们对于古籍的探索欲望越来越强烈，越来越多普通百姓开始走进古籍文献，了解古籍文化，所以对于这一方面的需求，国家相关部门也已经制定了一些出版计划。想要将这些原本只能在博物馆才能看到的古籍资料，以另一种形式呈现在人们的眼前，因此古籍文献的复印工作，是一项非常庞大的工程，要引起所有从业人员的重视，其中最主要的就是对于那些珍本的复印出版，而在复印的过程当中可能也会对这些古籍造成伤害，如何能够把古籍文化最大限度地呈现在普通百姓们的眼前的同时又能够尽量不对古籍造成伤害，是当前需要考虑的问题。

善本、珍本的拆开、重装要求非常严格，因为善本、珍本古籍本身就是受国家法律保护的重要文物，绝不允许在拆开、复原的过程中发生一点差错。

1988 年上海图书馆受上海古籍出版社委托，拆、装一部明版《历代名臣奏议》。这部书是用衬纸接背形式装帧的，有包角，册数较多，如果按照通常的办法拆除，势必损坏原来的装帧。为此，修复工作者把这部书的封面、封底拆去后，立即采取固定接背垫条纸的办法，把原书的蚂蟥襻处理好。蚂蟥襻是联结书页与衬纸接背的关键物，如果把蚂蟥襻拆去，那么在拆开书页时，垫条纸就会松散而掉落，因此在拆开书页时，必须先固定衬纸接背的垫条。可以采用把蚂蟥襻从正面剪开的办法，拆去订着书页的一半，留着订有垫条的一半，然后用竹启子把书页挑开，轻轻拉出来，顺着页码一页一页地往上叠。待复印、制版后，即可按照原来的装帧形式进行重装。重装时要采用把书页一页页地往里套的办法，套的时候一定要注意不能把原来的衬纸弄颠倒，否则书页同衬纸就配不起来了。

（三）善本、珍本的装订用线

善本、珍本的装订用线，要讲究用色泽古雅的丝线而不能用白线，因为白线新而有光，配在旧书上很刺目。古雅的丝线，可以用红茶或橡碗子汁煮染成米黄色，晾干后使用。

穿线时应尽量使用旧眼，以免重新打眼，伤及书脑。

（四）旧书角的修复

对于普通古籍的修复，如果古籍外包裹丝绸等装饰物。一般情况下，在修复过程当中可以把这些物品丢弃，但是在修复珍贵的古籍时，这种方法就不可行。善本在修复之后要维持它原有的状态，不能够损坏它的一切附着物，甚至连这些古籍上面的文字都不能够少。因此，对于这种珍贵书籍的修复，可以先把这些包裹着的丝绸取下，尽量不损害书籍，按照善本的修复方法进行修复完毕后，再把原有的丝绸包裹上去。在取丝绸的时候要注意不要损坏到书籍纸张原有的文字。因为这些丝绸长时间包裹书籍可能会将上面的文字一并撕下，在进行这项动作的时候要格外注意。

（五）旧书套的修整

对于古籍而言，书套起到了很好的保护作用，尤其是那些善本的书套，不仅能够对古籍起到保护作用，同时也是一种价值很高的收藏品。书套的特点和设计也反映着中国古代文化的演变。在长期的保存当中，书套很容易受到损害，因此，在对古籍修复的过程当中，还有很重要的一个环节，就是对于这些古籍书套的修整，如果只是简单的表面坏掉，那么需要根据书套的材料以及颜色寻找相似的进行修补。首先，将原来书套的表面用工具轻轻地揭开，然后再涂上糨糊，这种操作下的糨糊浓度要比较高，因为一般书套的材质比较厚，如果浓度过低的话，很容易粘连不上去。在调整好糨糊的浓度之后，需要用工具将糨糊轻轻地在旧书套的表面上刷上一层，刷好之后，用重物压上去使之紧密贴合。如果没有办法调制浓度较高的糨糊，可以先将书套用水浸湿，然后再刷上糨糊，这种方法可以有效地缓解糨糊中的水分蒸发，而使书籍发生皱缩的现象。当书套修复好之后，如果尺寸过大，可以在书套内部再贴上一层纸，这种纸需要经过严格的审核，因为这层纸是直接和书籍相贴的，如果纸张中的某些物质能够和书籍纸张发生化学反应，对古籍会造成很大的伤害。同时这种纸应当颜色较浅，不然掉色也会对古籍造成伤害，总之材质的选择是非常重要的。

第三节 特殊装帧古籍的修复

中国古籍在几千年的发展过程中，其装帧形式有许多变化。在造纸术发明以后，有卷轴装、经折装、册页、蝴蝶装、包背装、线装等。[1]

一、卷轴装古籍的修复

卷轴装古籍是纸张书籍的第一种装帧形式，这种装帧形式始于东汉，盛行于魏晋南北朝至隋唐间，北宋初仍然沿用。

1.制定修复方案和做好修复准备工作。卷轴装古籍的修复，比线装书的修复更为复杂。

首先，要根据修复件的质地和破损程度，制定修复方案。如果属于珍贵文物，在修复前还要将原件拍照，以便修复中可以进行对照。

材料准备：补破用纸、托裱用纸、绫绢、轴头、带子、浆水等。

工具准备：主要有棕刷、竹启子、排笔、镊子、小刀、剪刀等。

---

① 孙占山.中国古籍装帧形式源流考 [J].辽宁师专学报，2007，5（5）：133.

2.卷轴装古籍的简单修补。卷轴装古籍有简装和裱装两种。对于那些保存比较完好的卷轴，在修补的时候可以根据实际情况判定，不必要的话，就不需要对卷轴进行重新装裱，尽管装裱可以有效地修复卷轴，并且利于以后的保存，但是在装裱的过程当中要对卷轴原本的装裱进行拆卸，这一过程可能会对卷轴造成比较大的损害，并且这一过程非常考验修复者的手法。很多时候会因为修复手法不精确、不到位，从而对古籍造成伤害。一些古籍已经在前人手中重新修复过，如果现在再将它们揭下重新修复，可能会对古籍造成二次伤害。卷轴损害不是特别严重，只要将其问题比较大的部分进行修补，同时去除上边沾有的一些污渍就足够。

对于损害程度比较严重的古籍来说，就需要重新进行装裱了，提倡非必要不重新装裱，因为重新装裱会对古籍造成非常严重的伤害。装裱次数过多，对于古籍上面的文字也是一种影响，装裱过程中会使用糨糊，糨糊的黏性会降低字迹的清晰性，因此，不太利于古籍的保存。在操作当中手法不得当，对古籍来说也是一种伤害。

3.卷轴装古籍的清洁处理。古籍哪怕没有经过多数人翻阅，只是将其放在箱子里或者柜子里保存，长时间后也会造成一定的影响，因为空气当中有很多非常细小的颗粒物，保存古籍的箱子和柜子，往往带有一定的透气性，不总是密封的，时间久了之后，书籍会受到一定的影响。其中最大的影响就是风化变黄。针对这一现象，相关人员需要对古籍进行修复，这一过程要用到刮洗等清洁处理，比如对古籍上的一些昆虫痕迹、灰尘等进行清洗。清洗的过程当中，首先用小刀将这些污渍轻轻刮去，不能刮去的则用水轻轻地润湿，润湿之后，看能否擦去，如果不能则使用一些化学试剂，这是古籍保存比较好的情况下的处理方法。当古籍保存不太好时，沾有大量的污浊物，需要根据具体情况来制定方案。

4.卷轴装古籍的揭补。破损严重的卷轴装古籍，需要揭去卷面原裱层的托纸和托纸后面的复背纸，然后才能补破。

在整个卷轴装古籍的修复工作中，揭去旧的托裱层是最紧要的一环。揭托纸之前，应先把卷面湿透，如果是刚刚淋洗过而卷面还未干的，可以趁湿把卷面反面朝上扣在裱台上刷平、开揭。

5.卷轴装古籍的托裱、装轴。卷轴装古籍经过清洗、揭补，气色恢复，即可进行小托。

小托就是在卷面的背面衬托上一层宣纸，用浆水粘连起来。小托对于卷轴装古籍的装饰和保护非常重要。

湿托法，又叫"直托"。方法是把卷面正面朝下平铺在裱台上，再把浆水均匀地刷在卷面的后背，然后把托纸刷上去。

湿托法是在卷面背后刷浆水，干托法是在托纸面上刷浆水。湿托要弄湿卷面，干托则能保持卷面的干燥。这种方法适用于墨迹易烘染落色的卷面。干托法又有飞托和复托两种。

飞托是在托纸上刷浆水后，把卷面覆盖在托纸上，用毛掸子轻轻挥一下，让卷面与托纸符合，然后把卷面翻转过来，用棕刷把托纸与卷面刷实。

复托也是在托纸上刷上浆水，但托纸上浆后，要在托纸的下面和卷面正面各垫上一张吸水纸，然后再按飞托的办法隔着这两层吸水纸覆盖刷实。

卷轴装古籍的卷面多是由若干书页连接起来的，书叶与书叶间的接缝处，要用小刀裁齐并刷上稍稠一点的糨糊，使之粘接起来，黏结面不可太宽，大约在 0.3cm 左右即可。

刷好托纸后，揭起晾一会儿，待稍干时，在卷面上洒点水，然后在托纸四边抹上一细条稀浆水，拎起来粘在纸壁上绷平（俗称"上壁"）。

卷面小托上壁以后，室内要保持适当的温度、湿度，室温要求为 15℃~17℃，最高不超过 20℃。卷面上壁时，要预先在纸边留一道长 4~5cm 的小缝，缝内留点空气，以便晾干后开揭。上壁的卷面要防尘、防蝇，以免被玷污。留在壁上的时间愈久愈好。

装轴就是把卷尾和护首的纸卷在轴杆上，用厚浆粘牢。书卷前面的叫"天轴"，后面的叫"地轴"。

这就是卷轴装古籍修复工作的大体过程。

卷轴装古籍的装潢形式较为复杂，有朴素的纸装本，也有典雅的绫绢本，镶料也是五光十色的。上面讲的只是一种普通纸边装潢本的修复方法。

二、经折装古籍的修复

继卷轴装古籍之后，又出现旋风装、经折装的装帧形式。尤其如佛教、道教的经书和书法碑帖之类，很多采用经折装的形式，所以这里要简单介绍一下它的修复方法。

经折装是由卷轴装演变过来的，它的托裱方法与卷轴装基本相同，其操作方法和注意事项与卷轴装有类似的地方，也有不同的地方。

揭取经折装旧托纸时，首先要在每一段书页的边角编上号码，然后拆揭连接各段书页的接缝。揭缝的办法同揭取书页一样，也要用净水、热水反复浸润、闷烫，然后用干毛巾把水吸干，这时即可用镊子或挑针把接缝挑开，接缝挑开后，把每段书页后面的托纸揭掉，然后对书页破损处加以补缀。补破的方法与修补卷轴装的书页做法相同。补破完毕，就可以在书页背面贴上一层托纸，然后上壁晾干。

经折装古籍的折页，不能像线装书那样简单，应先备一块棱角分明的木板，在木板上量好尺寸，然后找一件重物，压在量好尺寸的一边做依靠；这时即可进行折页，折页必须按照样板的大小进行。

折页完毕即可进行接缝。接缝就是用稍稠的糨糊把每段书页的接缝粘好。接缝完成后，随即用刀裁齐天头地脚，捶平，前后加上护页，配上封面，扣好书皮，贴上签条，修复工作即告完成。

三、册页的装帧与修复

册页是一种比较考究的古籍装帧形式，如名贵的函札、诗稿、碑帖和小幅的书画等多采用这种装帧形式。

册页常见的式样有两种，一种是横翻式（又叫蝴蝶式），另一种是竖翻式（又叫推篷式），除了搭口粘接方式不同外（横翻式的搭口在左边，竖翻式的搭口在下边），其他做法大体相同。

册页的装帧与修复要在玻璃板上进行，所以做册页时要预先准备一块 $70 \times 50 cm$ 的玻璃板。另外还要预先裁好托裱用纸，和天头、地脚、书口、书脑处的垫条用纸。

如何对册页进行修复，这是要根据实际情况来判断的。如果在实际情况当中古籍损害的程度比较小，则只需要用浆水处理，浓度较低的糨糊也可以。

而当古籍损坏程度比较严重的时候，就需要按照上述所说的，将古籍损坏程度较为严重的部分拆卸下来，对单页进行细致的修补，然后再按照相关程序将其拼凑成原来的整体。这一过程一定要小心细致，不要将原有的字迹弄掉。这个过程非常考验操作者的经验和技术。

册页的重裱，就是把拆解、修补好了的单片书页，按原来的式样重新装帧成册，这是册页修复中工作量最大的工序。

装裱册页时，要先把揭下来的册页单片，按标准样纸放在玻璃板上，正面朝下，然后用排笔刷上浆水，再用抹布把单片四周的余浆擦干净。这时即可把准备好的托纸正面朝下地刷在单片上。在单片和托纸粘牢后，再在托纸上刷一层浆水，把备用的垫条纸垫在单片四周的空白处，然后在垫条上刷浆水，再依次刷上三四层托纸。最后用棕刷把托裱层排刷透彻，在托裱件的四边抹上一细条余浆，揭起上壁。

待托裱件晾干后，即可下壁，然后裁齐底边，撤齐，这时即可进行折页工序。

册页的折页要取直中心，然后用尺板压住，再用竹启子在靠尺板处画一条中线，这时即可按中线折页。折的时候，可以紧靠尺板掀起单片的一半，浅浅地折一道痕迹，然后拿尺板把印痕折死。

册页是由前后连接的各个单片组成的，每个单片都要按上述程序完成托裱、垫条、上壁、下壁、折页的工序，然后按页码排好次序，裁好边口，打磨光滑，这时即可根据横翻或竖翻的不同式样黏结搭口。

封面、封底可根据不同要求，包上绢、锦、缎、纸等各种材料。册页的封面、封底包好后，仍需用重物压着，直到压干为止，否则就会鼓翘不平。

四、毛装古籍的修复

毛装古籍并不是采用毛纸原料印刷出的古籍，也不是用毛笔经过人工誊写而制作出的书籍。它指的是一些精装古籍的简装本，其实也可以理解成，是作者在正式出版一些书籍之前的手稿。这些手稿往往因为字迹比较混乱，同时书页并没有按照严格的要求进行标注，所以说在作者完成之后会先简单随意地整理下来，之后再经过细致地修改才会出版成精装的书籍，因此，毛装古籍也有着其非常高的文化价值。

这类毛装书装帧简单，翻阅既久，易损坏。修复时，可根据送修单位的要求，并根据书籍破损的具体情况，确定修复方案。

如果书页的天头、地脚和书脑比较宽裕，上面又没有批校文字，可以按照修复一般线装书的办法，先修补好破损处，配补护页、封面、封底，再三面切齐即可。

如果送修者要求保持毛茬的原状，则仍应按原样修补、装订。按原样修补的毛装古籍，补边时不能补光边，因为毛装的边本来是不整齐的，补上几条光边就很难看，应尽量补毛边。连口时也不能把棉纸伸出书口边，否则会给装订带来困难。

如果天头、地脚有顶天立地式的批注，改成线装书有困难时，可以把毛装改做成金镶玉，然后再订成线装。

如果毛装古籍的书脑处写有字迹，影响装订时，可以把书脑有字迹的部位回折，在回折处的背后再贴上与书页长短大小相同的纸条，纸钉直接订在纸条上，这样就不会影响书稿的阅读了。

五、蝴蝶装古籍的修复

蝴蝶装古籍与普通线装书正好相反，在书背上涂糨糊把书页粘接起来，然后贴上封面、封底，摊开时，书背如同蝴蝶身体一般，两边的版面像是蝴蝶的两个翅膀，所以叫"蝴蝶装"。

蝴蝶装盛行于宋元间，至今中外各大图书馆收藏的中文典籍中，仍有不少是蝴蝶装的。古籍修复工作中，也时常可以碰到这种装帧形式的古籍。

蝴蝶装古籍的修复，其拆、揭、修补方法，与线装书略同，不同的是拆、揭、修补以后的装帧。蝴蝶装古籍的装帧，主要有以下几种做法。

1. 满浆背法。具体做法是先把书页按书口中线折页，然后加上护页，再把书撮齐，送入压书机紧压几天。这以后，就可以从书页背面齐栏。如果因为纸张太厚，从背面看不清栏线，可以从书页的下脚齐栏，然后撮齐折口处，用夹板把书页夹好。书页折口要与夹板齐平，夹板上面要压上石块或铁块等重物，以防书页移动。这时，即可把夹板和书页整个移至工作台上，然后用刷子在折口处薄薄地刷上一层稠糨糊，刷浆时要使糨糊略微进入口内，让书背处的粘接面大一些，再在书背上贴一张纸，干后就可以包书皮了。如果粘背时是几册书一起粘，那么干后应先用小刀从背部把几册书分割开，然后再包面子。

2. 空浆背法。空浆背法是清代藏书家黄丕烈常用的一种蝴蝶装装帧方法，故有"黄装"之称。空浆背法的书页折页、压书、齐栏等工序，都与满浆背的做法相同。但书页撮齐、上夹板时，只夹住书页的一半，让折口露出，再用重物夹住夹板，然后从折口处最底下一页开始，在每张书页的书脑上按平均距离点上三四点稍稠的糨糊，待干后在外面包上面子即可。这种做法用浆少，不伤版口，书页翻开也容易放平，但容易散页，牢固程度差一些。

3.金镶玉法。这种做法适合于书品过小或书页大小不一的蝴蝶装古籍。具体做法是：先把书页修补好，然后按上述办法把书页折好、捶平。再根据书页尺寸大小准备好镶衬用纸。把镶衬纸按对折印痕与书页对齐，一张一张地粘上。全部黏结完毕，压平待干，然后按上述金镶玉操作法折边、垫条。最后经过裁切、包书皮，即告完成。

4.线装改造法。蝴蝶装古籍的修复，除了以上三种做法以外，还有一种线装改造法。用这种办法改装以后，从书页的展开形式看，仍是蝴蝶装；但从书页的连接方法来说，却与普通线装书一样。

线装改造法的具体做法如下，首先将修补好的古籍纸张平放在工作台上，然后将这些纸张轻轻喷上一层薄薄的水。喷水的目的是为了更好地将这些纸张抚平，不会发生凸凹不平的情况。这一步骤完成之后，选取和书页材质相近，同时颜色也较为一致的纸张，把这些纸张裁成长条形，宽大概 5cm 左右，长要和书页的长基本相等，粘接在书页折口上。粘贴的方法是将纸条和书页的上下端对齐，以十余页为一组，每页按隔 0.3cm 的距离错开，由右向左排列在工作台上。排好之后，在最上面的书页纸上盖上一层纸，然后开始由左往右有规律地涂上已经调制好的糨糊。需要注意的是这里使用的糨糊浓度比较高，因为这种方法只适用于纸张较厚的古籍。这时即可用裁好的纸条自下而上地粘贴在每张书页上。粘完后，上面盖一张纸，用手揿一下，使纸条与书页紧密结合，然后再把书页一张张地掀开，防止书页相互黏结。一组粘完后再做第二组，直到书页全部粘完为止。

当书页全部都粘好纸条之后，把书页划分成几等份，然后整齐地排列在工作台上，这时使用吸水纸将所有书页上多余的水分吸干净，因为如果书页长期处于比较湿润的状态，会影响书籍之后的保存，同时对于书籍上面的字迹也会带来不好的影响。

书页全部晾干以后，按书页顺序撺齐，然后用接书背的办法，把纸条的另一边回折，折口的边要对准书页的版口线。这时，蝴蝶装古籍即变成了线装式蝴蝶装了。

线装改造法既保存了蝴蝶装的形式，又吸收了线装装帧的优点，既便于古籍的保存，又便于古籍的阅读，可谓两全其美。但是，蝴蝶装古籍一经线装，就失去了它原有的古朴面貌，这又是它的缺点。

线装改造法开始出现于清代康熙年间；《芥子园画传》就是一部用线装改造法装帧的蝴蝶装古籍。现代商务印书馆影印的明代蝴蝶装《三国演义》，也采用了线装改造形式。

六、包背装古籍的装帧和修复

包背装古籍出现于南宋，盛行于明代，它在装帧形式上，是蝴蝶装到线装的一个过渡。

包背装古籍书页的折页方法与蝴蝶装不一样。蝴蝶装是反折，书口向里，而包背装是正折，书口向外。这一点同后来出现的线装书一致。在书页粘接方法上采用纸捻钉，这也与线装书一致。但整个书册仍然是外裹书皮，并用糨糊包背粘连，书脑不外露，这一点又与蝴蝶装相接近。

现在传世的包背装古籍，虽然数量没有线装书多，但远比卷轴装、经折装和蝴蝶装的古籍多。元、明、清三代的许多大部头书，如《文献通考》《永乐大典》《四库全书》等都是包背装的。包背装古籍的装帧和修复工作在数量上仅次于线装书和册页。

包背装古籍的书页修复，以及书册的裁切、磨光、纸捻装订等，都与线装书相同。不同的是包背。

包背装古籍久经翻阅，背脊很容易破散，所以包背的修整是包背装古籍修复中的一项经常性工作。对包背上小的缺损，可以选用相同的包背材料做一些简单的修补。对于损坏严重的包背，则要拆掉重做。还有些背脊窄、又不便连接书脑的，修补中无法再打眼、订线，也可以改用包背装的形式进行修复。

包背装古籍的包背，分软面包背和硬面包背两种。

（一）软面包背

做软面包背要先准备好书皮纸，软面包背的书皮纸一般用托裱过的染色宣纸或冷金笺、蜡笺、发笺等制作，也可以用托裱过的绢绫制作。书皮纸面要平坦，如有起皱的地方，要喷水、压平后使用。大小要按书册尺寸裁好，四边要比书页各大出 1cm 左右，以便回折书皮口子。

软面包背的具体做法是：先把书页折好、捶平，加上护页，再齐栏、压实，然后在书脑部位打三对锥眼，穿上蚂蟥襻，翻转过来，在背面打两三个结，剪去多余的纸条，用木槌敲平，接着就可以做包背了。

书册裁切、打磨后，用夹板将书上下夹住，书背向外撅齐，压上重物，然后在书背上抹上糨糊，用稍厚的棉纸裁成和书页长度相同的纸条，把抹浆的书背包起来。如果是一部书，那就可以几本一起浆背，然后粘一整张纸，待干后用小刀将书册一本一本割开，再进行包面子的工作。

包面子时，拿预先裁好的书皮纸一张，正面向里，折成一面稍宽的筒子皮，然后把书册平放在工作台上，书的背脊朝外。在书脑部位等距离地点上三点糨糊，把书皮窄的一面对齐书册背脊黏结起来。把书口、天头、地脚三处的余边都折好后，随手把书口处上下角的重叠部分剪去，使边角与四周齐平，接着再把书册翻转过来，按以上操作方法把另一面的书皮也粘好，包背装的工作即告完成。

（二）硬面包背

硬面包背就是用两块托裱了绢绫或锦缎的硬纸板做包背，但书脊处不加硬板。这种方式比较美观典雅。

硬面包背的具体做法是：把准备订蚂蟥襻的书册放在工作台上，掀开前后护页的一页单张，然后在前后书脑部位各贴上 5cm 宽的布条，一半订在蚂蟥襻上，另一半准备粘在硬面上。这时即可用两块与书页大小相同的硬纸板把书册前后夹好，然后在裁好的书皮上刷上糨糊，把它黏结在前后两块硬纸板上，用棕刷刷平，再拿掉书册，把书皮四边的余边回折过来，剪平重叠部位，晾干后即可包到书册上去。

上包背时，要先在书背脊抹上稠糨糊，再把布条刷上糨糊，粘到纸板上。然后，在纸板的里层贴一张比纸板稍小一点的衬纸，并在里面垫上一张吸水纸。一面做好后，再做另一面。两面都做完了，撤去夹板、重物、吸水纸，硬面包背也就制成了。

做硬面包背时，书背一定要裁齐，否则包背做好后，书册打开不能放平，阅读起来很不方便。

此外，贴刷衬纸时动作要快，衬纸贴刷好了，要立即夹上吸水纸，用重物压好。如果动作缓慢，沾上了浆的硬纸板就会膨胀起来，书皮便会显得凹凸不平，影响书册美观。

第四节 出土古籍的修复

中华文明有着上下五千年的历史，每个时代的文化承载着不一样的文明，因此，不同时期出土的相关文物也都不尽相同，而古籍就是以一种独特的方式诉说着一段时期的历史。虽然出土的文物有非常多的类型，但是古籍仍然是承载文化、承载文明最为丰富的一种形式，因此，现在对于古籍的研究也是非常重要的。

根据长期的考古，人们发现如果从很深的地下出土文物，一般情况下是不能发现纸质书籍的，这是因为大多数的纸制品都是由植物纤维制作的。前文已经讲过，植物纤维是一种高分子化合物，它们保存的条件极为苛刻，而在地下环境当中，很容易受到潮湿环境的影响，这些纸制品不能够很好地保存，因此经过漫长的岁月，也就无法从地下文物中看到纸质书籍的身影了。但是在20世纪末，关于地下出土纸质图书传来了好消息，这也为之后的考古工作带来了新的希望。

尽管随着科技的发展，人们已经发现在地下其实也埋有非常多的纸质书籍，但是由于长期埋在地下，这些纸制品受到了不同程度的损害和污染。出土的时候并不能够达到我们想象中保存良好的状态，大多数都变成了又黑又臭的饼子书。因此，这一类书籍的修复工作在实际操作下很难完成。

一、太仓明墓古籍的出土情况

1984年8月在江苏省太仓市双凤乡杨林河畔发现了一座明代处士施贞石夫妇合葬墓。打开墓圹，在盖棺布上摆着四块颜色黝黑、滑腻发臭的"牛粪"。仔细分辨，它们又不是"牛粪"，而是几堆黏结成饼子状的木版古书。

新中国从成立后，出土古籍的消息时有所闻。尽管其他地方也有类似文物的出土。但像太仓出土的这种木版古书还不多。最根本的原因就是木版古书也是非常难以保存的。当这些古书埋在地下的时候，由于地下环境极其不稳定，尤其是潮湿、极易滋生霉变，所以很多古籍在这种情况下，经过长时间的储存已经很难再出土了。因此，像太仓这种埋在地底下几百年仍然保存得可以辨别的木质古书是十分少见的。

二、上海图书馆接受任务的经过和工作准备

这些古籍的发现可能会对文化研究带来一些新的进展。古籍出土之后如何保存是一件让人头疼的事情，因为古籍长时间埋在地下已经适应了地下的环境，这时如果突然改变它的存放环境可能就会对古籍造成致命性的损害。因此，当古籍出土的时候需要立即进行相关的处理，而这些处理工作要经过严格的准备和计划。这批木版古书刚出土的时候就受到了空气氧化作用的影响，出现了氧化反应。文物工作者们非常焦急也非常遗憾，所以为了让这些古籍能够重新焕发其出版时代的风采，文物工作者把这些像"牛粪"一样的饼子书送到了几个相关的研究单位，可是由于经验不足和经费不足，并没有取得实质性的进展。

1984年10月这批出土古籍被送到上海图书馆古籍修补工场，尽管上海图书馆对于古籍的修复有着非常多的经验，但是这一批文物却是这些经验老到的文物工作者们从来没有见过的。当时老馆长顾廷龙说："出土古籍是国家的珍宝，不管有什么困难也要想办法把它修复。"任务就这样确定下来了。所以在相关单位和领导的帮助之下，文物工作者们根据所要修复的文物，为其量身定制了一套修复的方案：①首先，由于这批古籍出土的时候已经辨别不出其真实的用途，经过长时间的发酵腐败其散发着非常刺鼻的味道，要对这批古籍做的第一件事就是清洗。清洗的过程要尽量以不损害古籍为原则，而又能够最大化地做到清洁工作。②将古籍清洗之后，就要对连在一块儿的古籍进行揭开的工作，通过上文的讲述，我们已经清楚，将连在一起的书页揭开是修复古籍当中十分重要的一步。③以上两步完成之后，就要对古籍进行更为细节化的修补了。在修补之前需要对其进行一个全面的观察和了解，弄清楚古籍的主要原料以及出自哪个朝代、它的特点是什么，根据这些内容制定方案。制定修复方案之后，需要对步骤进行研究，同时对于步骤中要使用到的工具提早准备。

清洗工具：铝质方盘（大号）、甑蒸用的铝盘（下面要有滤水洞眼）、规格 33cm×66cm，浇热水用的铝水壶、摆放古书用的木板。

清洗材料：碳酸钠和其他清洗剂。

修补工具：竹扦、挑针、剪刀、镊子、长锋羊毫毛笔、小排笔、糨糊、皮纸、棕刷、夹书用纸、玻璃板、塑料薄膜等。

三、出土古籍的修复过程

1. 清洗——初步浸泡。首先把这些古书用纸包裹起来，然后放在清洗的容器里。放好之后用装满热水的容器，沿着清洗容器周围进行浇灌。注意不要直接把水溅到书上，而是沿着容器的边缘灌水。当水灌满了容器之后，不要移动书籍，使其静置 5 分钟。静置之后，把清洁容器当中的水倒掉。注意在倒水的过程当中也要小心不要让书籍发生磕碰。这一步骤一般要重复两次，如果古籍过脏的话，可能要再一次进行。

2. 摇动冲洗。清洗之后，就可以把古籍从容器当中取出。把之前包裹使用的纸去掉，重新换干净的纸，再次包裹起来，放到清洗容器中，这时候用 80℃左右的热水进行清洗。沿着清洗容器的边缘灌水，这一步不需要将古籍都淹没，只需淹没古籍的一半即可。让古籍在热水当中浸泡两分钟的时间，把水倒掉。倒水的过程中一定要小心，因为水温比较高，操作不当可能会烫伤，同时对古籍也造成损害。这一步可能也要进行好几次，最终直到洗书古籍的水呈现出透明、清澈的状态。

3. 晾干。把清洗完成后的古籍从容器当中取出平放在木板上，木板微微倾斜，使残留在古书中的水分逐渐流下来。稍干之后，把古书大体分成几沓以备揭补修整。这时的书决不能硬揭，能揭则揭，不能揭则不揭。

4. 配纸。《居家必用类事全集》这部书，原来是用棉纸印的。所以在对此书籍进行修补的时候，按照古籍修补规则，也应该选择棉纸修补。但是此书册数非常多，在实际情况中，没有那么多的旧棉纸，因此，就要采用替代物进行古籍修补。比较好的选择是和旧棉纸比较相似的仿旧染纸。这部书用的纸张颜色灰中带黄，因此，想要染这种颜色的纸，一下子并不能实现。每次约染三五张纸，用排笔平抹，染时开头要淡，以后根据书页的需要逐渐加深。如果开头就把颜色调得很深就容易将纸染花，不能使用，造成浪费。总之，染色时一定要注意宁浅勿深，力求色泽相近为佳。

5. 揭页准备。用玻璃板一块，照原书画一张书样，贴在玻璃板反面，然后再在玻璃板上贴一张塑料薄膜，待揭开的书页放上，以备修补。

6.揭页。需要注意的是揭页并不是等到书完全风干的时候开始进行，而是当七成干的时候就要开始揭页了。前文已经讲过能否揭页精准是古籍修补当中非常重要的一个环节，因此，在揭页的时候需要有耐心也要细心，不能因为这一道工序非常烦琐就急于求成。揭页时，首先找好突破口，用挑针轻轻挑动，当单页的一个地方被挑开时，就用嘴轻轻吹气，使其突破口扩大，然后轻轻地将书页斜揭，若书页拉不开或与下页粘连时，可再用挑针轻轻拨弄，继续斜揭，直到书页全部揭开为止。

在这次揭页中，遇到了非常多的困难。之前的困难，考古学家们都已经解决了，而有一项困难，耗费了大家很久的时间都没能想出很好的办法。这个困难就是工作者们在揭页的时候发现这本古籍并不是采用厚度相同的纸张编撰的，有一些纸张非常薄，因此，在对这些纸张进行揭页的时候，经常会出现揭不开的现象。为了实现对所有页面的揭页操作，我们先在类似的材质当中进行练习，最终找到了一个办法，就是取两张和书页尺寸基本一致的毛边纸，分别在这两张毛边纸的反面，也就是粗糙的一面刷上浆水，而将揭不开的书页夹在这两张刷了浆水的毛边纸上，待到毛边纸风干之后就可以揭开了。

7.修补。把揭好的书页放在夹书用纸中，随后就可以着手修补了。由于这些出土古籍破损程度较大，加上冲洗和揭页过程中的损伤，纸张的纤维松弛，牢固度大大降低。因而在修补中只好采取整张书页托裱的办法。

8.装订。将修补后的古籍按照顺序摆放好，再进行校对，以保证不会出错，校对完成之后，便可以对修补后的古籍进行装订成册了。这一批古籍的修补方法是托裱法，因此，在古籍当中有非常多的毛边和毛边纸，装订过程是比较困难的，所以这个时候就需要先选定一张作为基准页，然后再一页一页地装订以下的纸张，最终把多余的部分剪掉。

9."金镶玉"。"金镶玉"是古书的一种装订形式，它装潢讲究，但费时费力，一般只适用于装订善本书，普通线装很少采用。《居家必用类事全集》因幅面过小，所以也采用了此种装订形式。

"金镶玉"的具体做法如下：首先选用镶书用的纸，然后裁纸，确定好纸张尺寸，喷水压平，四周毛边裁光。用一页纸对折中缝，再将原书中缝与纸的中缝对好，比出天头地脚，一般留出 3~4cm，以备回折。天地大小应有区别，天大于地，一般按四六比例折算。按照书页下脚的左右两角，用挑针在纸上各扎一针眼，然后把全部镶书纸扎上针眼，作为铺纸放书页的依据。铺纸时将纸的正面朝下，随后把书页一张一张铺展上去，再进行折边、折书页。铺纸时，书页与镶纸紧贴，防止移动时将纸和书页错开或弄歪，造成镶出的书出现沟道，影响美观。书页镶好后如有不平，可用小榔头轻轻捶平。然后加护页，齐下脚栏，用压书机压实，再用纸捻钉固定、裁齐，用砂纸打磨，再包角，用绢面做"四勒口"封面，再打眼、订线，经过这些工序，"金镶玉"就算做好了。

第七章 古籍保护与修复体系构建

第一节 古籍保护与修复保障体系规划

古籍的修复不单单对考古学界有非常大的影响，还会影响到整个社会的发展。古籍当中存在着的不只是一段历史，甚至包含了那些历史当中的一些经济、政治、文化、军事等各方面的知识。这些知识往往是不为人知的，因此，对于古籍的修复归根结底就是带着人们了解过往的那一段历史，并通过那一段历史了解到更多其他方面的发展。随着社会的发展，古籍修复和古籍的探索，再也不是只有工作人员才能亲身经历的事情，需要社会各界人士引起重视，共同为古籍的修复构建一个良好的平台。同时在修复过程当中能够进行规范，真正地将保护古籍落到实处，促进考古学发展，促进全人类的文明进步。

一、强化全社会古籍保护与修复意识

要想真正地将古籍保护落到实处，引起整个社会的重视，首先就是要对古籍的工作做一个详细的介绍，让人们真正发自内心地去保护古籍，从而引起更多人的重视。古籍是社会发展当中不可再生的宝贵资源，将这些资源分门别类地整理清楚，了解这些资源的用途，对于中华民族来说是意义重大的一件事情。不仅如此，它对于提升民族素质，加强民族凝聚力，促进社会的发展，提升中国的文化软实力都有着非常重要的影响。

在提高社会群众对古籍了解的时候，可以通过丰富多彩的相关活动，激起人们的民族自豪感，自然而然地就会有越来越多的人关注到古籍的修复。政府等相关部门应该带头做好表率，加强对于古籍修复的宣传力度，让更多的人了解古籍，并加入到这个行列中。越来越多的文化节目都以文

物保护为切入点，目的就是让古籍走进人们的生活，让人们了解这些文物所承载的文化内涵，从而发自内心地认识它、走进它并且喜爱上它。越来越多接地气的活动也如火如荼地开展着。这些活动缩短了古籍与公众的距离，提高了公众对古籍保护和恢复以及对传统文化的认识。

二、加强相关政策法规建设

政府部门在古籍修复当中应该发挥表率作用，及时出台相关的政策，这样群众才有标准去执行。当前对古籍的保护主要就依靠国家的政策法规，因为古籍保护还没有走进千家万户，很多人根本不了解其意义所在，也无法体会到古籍的重要价值，因此，需要相关部门出面通过一些法律手段约束在古籍市场中的一些不规范行为，从而保护古籍，使古籍有一个更好的保存环境。当前在世界其他国家已经采取和制订了非常多有关古籍的保护措施以及一些计划，同时对于古籍的保护也提出了非常多可行性的建议，其中不乏很多经过实践验证或者是在实际情况当中总结出的经验，都是值得我们推敲和学习的。

古籍保护与修复的相关法规指的是国家或有关立法部门通过对古籍市场的调查研究以及取证，归纳总结出对整个古籍市场的一种规范性的要求，而法规自身就带有严肃性，因此，古籍保护与修复如果有了国家法律做保障，就会达到事半功倍的效果。尽管目前已经有相关法规实施对古籍的保护，可是仍有很多不法分子的存在对古籍造成不可挽回的损害。我国大多数相关机构的资金来源主要取决于政府的财政拨款，目前还没有法律或法规可以保障用于保护和修复古籍的资金的稳定性和连续性。为此，必须加快相关的工作，特别是在资金、机构和人员编制方面的立法工作，以确保对古籍的保护和修复工作的顺利进行。根据法律规定，必须严格执行，必须对违法行为严惩，古籍保护和修复部门及其工作人员必须履行法律规定的职责，参与相关事务需要根据法律授权进行工作。

政策和法规之间的关系是相辅相成的，只有出台了相关的法规政策，在实际操作当中才具有强制性。当务之急要出台与法规相匹配的政策，全面完善政策和法规之间的有机联系。再者，随着目前全球化趋势的发展，国际交流显得越来越重要，除了对时局的交流之外，对于文化的交流也非常重要。古籍可以成为我们国家和其他国家交流文化、交流经济很好的切入点，所以这也是保护古籍的意义之一。因此，出台法规，制定相应的政策，同时加强和其他国家的交流联系，就一定能够提升我们国家的文化素养。

三、加强组织机构体系建设

应加强从中央到地方的专门古籍保护与修复机构、古籍保护与修复部门等的建立，将有助于古籍保护与修复工作的顺利开展，促进相关文化事业的发展。

我国古籍的保护和修复工作起步较晚，专门的古籍保护和修复机构的建立还很不完善，近几年才开始改进。不仅应加入一些国际组织更好地保护古籍文物，还应该在全国范围内建立起自己的保护组织体系。比如说，在全国建立起以古籍保护为主题的图书馆，这种图书馆目前在我们国家是没有的，可是在国外类似的图书馆已经发展有一段时间了。同时，除了图书馆之外，相应的一些组织也应该紧锣密鼓地开始筹备活动。目前我们国家最主要储存古籍的地方就是博物馆，但是博物馆大多数需要展览各种类型的文物，因此，并不能很好地单独对古籍起到宣传作用。同时很多博物馆由于过于强调镇馆之宝，很多游客都是慕名而来看那些镇馆之宝的，往往忽略了一些古籍艺术，因此，对于古籍的保护和修复，我们还有很长的路要走。不仅如此，尽管所有的省份都有古籍保护的组织，但是很多地方并没有切实地将这些组织的用途发挥起来，所以这些组织虽然已经设立，但是并没有真正地起到作用，这也是后续我们需要注意的地方。

一般情况下省会古籍保护机构都会有专门的部门来进行古籍修复，对地级城市或者小规模图书馆来说，开设古籍修复部门需要耗费大量的成本，因此这些地方就没有这一部门，虽然成本会比较高，但仍应该大力促进古籍修复部门的建立。除了成本之外，缺少相关的科研人员也是当前最大的问题之一。当前很少有高校开设古籍修复相关的专业课程，每年培养出的人才并不足以满足古籍修复市场的需求，基于此更应该加强古籍修复的宣传力度，从而引起各单位的重视。因此，除了要设立古籍修复部门之外，也有必要在一些高校开设相关的课程，并且加强高校以及地方政府之间的联系，真正地做到多系统的古籍修复与保护。

四、重视与完善普查登记工作

普查登记主要是针对古籍与历史档案，即对现存的古籍与历史档案的品种、数量、级别等次、破损情况和保护环境等进行调查、鉴定和记录。古籍普查登记是古籍保护与修复的基础性工作，是古籍抢救、保护与利用工作的重要环节。通过普查登记工作摸清家底，编制出全国、本地区或本单位需要保护与修复的古籍目录清单,定期向上级机构报告普查登记结果，及时分析其结果，对古籍档案等级和破损等级进行分类，实行分级保护和修复措施；根据古籍的保存条件和环境，提出符合本地区特点的修复计划和具体计划,对于不符合古籍档案仓库内部环境或消防等外部环境要求的，提出隐患改造方案；对于仓库条件差和管理不合格的仓库管理单位，根据古籍档案的级别，将它们存放在级别较高的收藏单位或其他条件好的单位中，所有权保持不变，并且仓库的改进由专家认定。满足保护要求后，才可以归还古籍的档案。

普查不应该只包括图书馆还应该涵盖只要有古籍收藏的博物馆、档案馆以及社会组织和私人收藏。按照古籍的珍贵程度，将其分成不同的等级，或者根据古籍记载的相关内容进行分级。比如可以根据古籍的内容划分为历史类、艺术类或者是小说等，将古籍分好类后，可以在每一类下再设其他的分类，由此就能够将古籍层层分类。分好类后，可以将古籍的保存程度也进行一个确定和调查。需要注意的是，对于不同年代和不同类型不同分类下的古籍可以采用不同的损坏程度定级，这些工作都完成之后，可以将数据都传输到互联网上，建立一个数据库还是十分重要的。我们希望能够有更加规范的数据库来帮助古籍修复，帮助古籍资料的记录，以方便研究人员进行相关的研究工作，同时也方便广大群众形成对古籍的认知。公共收藏机构中保存的大多数有价值的古籍都是来自私人收藏家的旧收藏。但是，普查范围内仍未概括所有私人收藏。进一步扩大散布在民间的私人收藏的普查，珍惜和保护散落在民间的稀有和鲜为人知的古籍具有重要意义。

五、制订并实施保护计划

关于古籍的修复，可以从两方面来制订计划。首先是宏观层面，从国家角度和法律法规制定的角度出发，期望能够最终实现对古籍的修复，这是一个长期的目标，并不是一蹴而就的，因此，在这个长远目标当中需要划分一个个小目标，按阶段对这些小目标进行考核，从而实现最终的目标。

其次是微观层面，也就是比较现实的层面，需要古籍收藏机构和单位切实开展对古籍的整理修复工作，从而共同行动起来，为古籍修复大业迈出至关重要的每一步。

古籍的修复不仅是对那些已经受到伤害的古籍进行修复，对于那些还没有受到损伤，或者是损伤比较小的古籍，也应该进行预防性保护，关于古籍的保护，应该从损害发生之前到损害已经发生这很长一个阶段实行的保护，并不是单单只把眼光放在那些已经发生损害的古籍上，因此，需要制订一系列的长期计划。这一计划按照一定的分类，可以将其分为原生性保护和再生性保护。原生性保护，指的是在损害还没发生的时候，就主动对古籍进行检查分类，以及对那些细小损害的修复，从而使古籍能够更长久地保存下来，为后人带来研究价值。再生性保护指的是古籍受到损害之后，利用一些科技手段或者操作技巧，可以对古籍实现修复，希望古籍能够达到一个比较完整的状态。

制订历史文献、档案的保护和修复计划对文献机构来说是非常有必要的，科学而完善的文献档案保护计划可帮助相关机构阐明文献保护和修复的目标和任务，建立自上而下的责任体系，阐明其各自的权利与义务。同时要遵守规则修复工作才会有序进行。文献档案保护和修复计划的内容与组织的收集范围、服务目标以及计划的实施时间和步骤密切相关。文献档案保护和修复计划应涵盖馆藏管理的所有方面，并根据馆藏的不同特征提供不同的修复方法。要考虑的属性包括馆藏组成的特性（物理成分和知识特征）、资料的相对重要性、开放使用类型（开架或其他位置存放）、使用频率等，同时要防止高温或潮湿，提供适当的存储空间，建立应急和防灾机制，并做好防盗工作，为古籍提供基本保护。

对于古籍的保护和修复除了可以提升全民素质之外，对于国家本身来说，也是继承和发扬中华民族的传统文化，发挥中华民族人民的主观能动性的最有力措施。在当前的发展阶段，人民对于文化的需求相比以前是大幅提升的，所以在这一阶段应该抓住机会，将古籍推广到大众面前去，让他们认识到古籍是一种什么样的存在。因此，国家图书馆于 2011 年制定了"民国时期文献保护计划"，这一计划也是希望将民国时期的古籍文献推广到大家的日常生活当中去，让人们对古籍文献有更深的了解，关于这个保护计划，内容可以概括为六点。一是在全国建立古籍文化的搜索平台。不仅是国家还是百姓都可以通过这个平台对自己想要的了解的古籍进行搜索和了解。二是和国外形成更加深入的活动交流。积极地向国外学习他们的优秀活动。三是提升古籍文献的储存环境，从根本上杜绝文献出土之后受到的损害。四是加强对文献的再生性保护。也就是文献损害之后能不能以更高效的方式，对文献进行修复。五是加强专业化人才的培养。和各大高校形成紧密的联系，推动相关人才进入工作体系当中去。六是促进古籍保护和古籍修复成为一项社会公认的活动，从小教育孩子意识到文献保护的重要性。

六、建立质量管理体系

质量管理是指确定质量政策、目标和责任并通过质量计划、管理、保证和改进来实现的所有活动。而质量管理体系的建立也是文献修复和文献保护工作当中最为重要的一步，如果没有质量管理体系的监督，那么即使有了计划、有了相关实行的单位和组织文件，修复工作的质量也是不能够得到保证的，那么文献修复的最终目标也无法实现。

文献古籍的保护和修复其实是一个比较主观的过程，因为不同的修复工作者所拥有的经验、所见到的古籍是不一样的，所以在实际工作当中，他们的操作可能会出现差异性。另一个值得注意的问题是，在保护和修复古籍中有许多步骤和实践无法用语言和文字准确地描述和量化，有些是基于个人感觉，这导致对该方法的评价带有主观意识。科学评价用于保护和修复古籍的方法、技术、设施和设备可以避免诸如规划不当、执行效率低下、控制不当、监督不当以及缺乏用于保护和修复古籍的接受标准之类的现象。

七、充分发挥社会力量的补充作用

因为我国要保护和修复的古籍数量巨大，所以即使动员全部现有力量前进，保护和修复的速度也远远落后于古籍的损坏率。因此，目前最主要的任务是调动所有可用的资源，参与到修复古籍的工作中。

和政府的财政投资相比，从社会各界筹集而来的关于古籍修复的资金在分配和使用当中更具有灵活性，因此，在这种情况之下，成立了一些专门修复古籍的公司。这些公司主要承担一些对古籍的修复工作，从而实现收益，并且这些公司目前在我国发展的势头比较强劲，已经有了多种类型，分布在不同地区。

珍贵的历史文献、古籍、档案每时每刻都在受损。它们是中华文明的象征，是我们宝贵的财富，是不可再生资源。我们需正确认识抢救历史文献、古籍、档案的紧迫性、重要性。希望政府能全力支持社会上有经验、有专业技术的企业和个人力量参与到我国的历史文献、古籍、档案的修复、抢救工作中去。

在新形势下，政府要给予在历史文献、古籍、档案保护工作中做出突出贡献的社会民营企业和社会专业人士充分的肯定，同时要对具备多年专业实践经验的企业给予历史文献档案修复许可资质认可。

在全国社会力量调研中，广东有一家专业性强、规模和技术力量雄厚的古籍保护企业——广州市余平文史典籍保护实业有限公司。它是修复历史文献、古籍、档案的专业公司。此外，还涌现了如山东润古轩文物保护工程有限公司、四川西部文献修复中心、北京古艺山房文化艺术有限公司、南京中友图书文化有限公司古籍修复中心等一批社会力量。这些企业积极参与国家和地区文件的保护和修复，并日益成为重要的辅助力量。

由于专业的古籍保护和修复公司在人力和物力资源配置上具有明显的优势，并且保护和修复的水平和效率很高，因此，政府必须充分认识到社会力量参与到古籍保护和修复的重要性。只有调动社会的力量参与到保护和修复古籍中，将其纳入保障体系中，并健全相关制度，建立公平的市场，创建一个由上到下的完整体系，才可以保证古籍保护和修复工作的长久发展。

八、推动合作与协调的广泛开展

推动跨国、跨地区、跨系统的合作与协调发展，建立一个相互联系、全面合作的网络体系，从而健全古籍保护与修复体系结构。如我国全国古籍保护工作部际联席会议制度，由文化和旅游部牵头，国家发改委、教育部、科技部、国家民委、财政部、国家新闻出版总署、国家宗教局、国家文物局等部际联席会议成员单位的代表参加，通过联席会议，在国务院统筹领导下，研究拟订全国古籍保护的重大政策措施，协调解决全国古籍保护工作中的重大问题；讨论确定年度工作重点并协调落实；指导、督促、检查古籍保护各项工作的落实，互通信息、相互配合，形成合力，共同做好全国古籍保护工作。今后的古籍保护与修复的行业协会等组织机构的建立可参照这一联合模式，邀请多方面的相关主管部门、专家、学者、业界精英共同参与建设。

海外中华古籍合作保护项目就是跨地区合作的一个典型案件。海外中华古籍合作保护项目是 2007 年开展的"中华古籍保护计划"的组成部分。前期已开展了三批以数字化形式记录我国海外古籍的数据库。

"中华古籍善本国际联合书目系统""东京大学东洋文化研究所藏汉籍善本全文影像资料库""哈佛大学哈佛燕京图书馆藏中文善本特藏资源库"。2013 年，在北京召开"海外（北美地区）中华古籍保护工作研讨会"。北美地区收藏中文善本较多的 12 家图书馆馆长或负责人受邀参加。会议决定加强对北美中文古籍进行调查、整理和公布，探讨海外（北美地区）中文古籍合作保护工作和交流情况，研讨项目并探索合作机制，特别是就编纂《北美中文善本古籍联合目录》、北美中文古籍数字化和整理出版进行讨论。北美各馆将于近期向国家古籍保护中心提交中文善本古籍书目数据，由国家古籍保护中心请专家进行审校，对于部分存有疑问的古籍，将由国家古籍保护中心选派专家考察鉴定。《联合目录》编纂完成后交由国家图书馆出版社出版，形成最终成果。

我国一方面古籍数量巨大，另一方面由于分散保管、体制、组织等多种原因，古籍保护与修复缺乏全面的管理或管理不到位。因此，将古籍保护与修复发展战略规划纳入国家整体发展战略之中，整体推进事业发展，增强其创新能力，实行长期战略性的保护策略势在必行。

第二节 古籍保护与修复的方案及策略

在对古籍进行保护和修复的过程当中，除了各方组织协调工作之外，在工作当中，一个科学的方案和细致入微的具体操作措施也是十分重要的，能够提高这项工作的完成效果。我们知道古籍修复和保护的过程当中可能会用到非常多独特的技巧，而这些技巧并不是随便就能学到的，需要操作者潜心学习，并且在实际当中加以运用，才可能成为一名优秀的古籍修复工作者。而值得注意的是，因为不同的古籍，材质不同、质地不同、内容不同，甚至连破损程度也是各不相同的。一本古籍里边也可能存在着不同的修复问题，因此，对于古籍的修复需要有一套完整的措施流程来规范操作者。只有将这些步骤和措施规范完整，操作者在实际工作当中才能够按照标准进行工作，古籍的修复和保护最终才能得到保障，而实现古籍修复和保护这一伟大目标才有可能实现。[①]

一、古籍的分级保护与修复

相关的机构应该根据古籍的珍贵程度进行划分，优先对较为珍贵的古籍进行修复和保护。那些普通的古籍，不作为重点的修复对象。从而可以和古籍的修复计划紧密结合，加快目标的实现。

文化和旅游部 2001 年发布的《文物藏品定级标准》规定文物藏品分为珍贵文物和一般文物。珍贵的文物分为一级、二级和三级。特别是具有重要历史、艺术和科学价值的代表性文物被列为一级文物；具有重要历史、艺术和科学价值的被列为二级文物；具有比较重要历史、艺术、科学价值的被列为三级文物。具有一定历史、艺术、科学价值的被列为一般文物。

当前关于古籍的修复和保护所使用的标准是文化和旅游部在 2006 年

---

① 边沙. 从古籍修复人员的角度谈古籍的修复与保护管理工作 [J]. 管理观察，2010（10）：247-249.

8 月 5 日颁布实施的《古籍定级标准》，这一套标准的出台，目的在于可以针对古籍的价值如何按照珍贵程度进行划分，有一个明确的依据。从而使古籍储存单位以及私人组织有了一个更好的规范。在实际工作当中，古籍及修复操作者也可以根据这一规定，对古籍进行优先级的划分。对于那些珍贵的古籍，在修复的时候要格外注意，要按照标准进对古籍进行修复，相应的步骤也应该全面。而对于普通的古籍而言，只要按照步骤对其一步一步地进行修复就可以了。所以说相比较之下，珍贵古籍的修复，比普通古籍的修复要更加个性化。

二、确定保护与修复原则

只有制定了相关原则，在实际操作当中才有一定的准则，因此，要确定保护古籍与修复的原则，在实际工作当中操作者们遵循这些原则对古籍实行保护和修复。这样一来，不仅可以促进古迹保护和修复工作的规范化。同时也能够在实际操作当中确保古籍的安全性，防止因为人为因素对古籍造成的二次伤害，而操作者也能够从中学到更加规范的操作技法。

古籍保护与修复在中国已有上千年历史。前人在摸索中总结出"修旧如旧，修旧如新"的修复原则。当一本古籍遭到破坏时，最重要的是恢复其原始风貌，即尽可能地保留其原始特征，其目的是确保其资料和文化价值，使该古籍在修复过程中受到保护并完好无损。但是，"旧"的观念不是千篇一律的，这是因为即使有一千多年的历史，古籍也并不是原封不动地保存到现在。今天存世的古籍大多数发生了变化，而这些变化有自然因素也有人为因素的作用。自然因素会导致纸张变暗、碎裂、发霉、虫蛀等等。人为因素主要是由于古籍损坏而人为修复造成的，但都不是在原始风貌下进行修补的。例如，随便使用手边的可用材料进行修复，或在修复后更改了原始装帧风格。

"修旧如新"是一种修复技术，可更改古籍的原始外观，以美化古籍的外观并延长其寿命，同时保留古籍的内容。传世的一些古籍是用薄纸，有些书品小，并受到各种因素的影响严重破坏。为了使这些古籍得以流传，将新的纸张添加到已修复的书页的背面，以达到加强书页的目的。

"新"与"旧"是相对的。目前，我们国家已经形成了自己的一套关于古籍修复和保护的技法，虽然现在有了更多高科技的选择，但是经过这么多年的演变，在古籍修复和保护的实践当中首选的还是那些传统技术。古籍的最高级别是"修旧如旧"，"修旧如新"只是不得已而为之的方法。

根据已有的经验，可以把实际操作当中需要坚守的原则分成以下几方面。

第一，最少干预原则。原则要求在古籍的保护和修复的实际操作过程当中需要根据不同古籍的情况，制定不同的修补方案，尽量地可以在不损害古籍原有内容的情况之下，实现对古籍的修复。同时在修复的过程当中应尽量地少使用一些化学原料，减少这些化学物质对古籍的再次伤害。

第二，修旧如旧原则。原则要求在古籍修复和保护过程当中，尽可能地不改变古籍原有的风格，并不是说把古籍修复得像崭新的书籍一样就是最好的，而是在不改变古籍原有风格和整体性的前提之下，尽量地将古籍破损或者其他方面的问题进行修复，从而还原古籍原本的完整性。

第三，可逆性原则。这一原则要求在对古籍进行修复的时候所采用的材料必须对古籍没有任何的损害。比如说在对古籍进行粘连的时候，使用的浆糊应该做到经过一定操作可以去除，因此，这项原则对于材料本身的要求是非常之高的。

第四，保留历史信息的原则。尽管我们希望修复后的古籍可以保证其完整性，但是在修复过程当中所添加的一些材料，比如纸张，必须和原始的材料有一定的差距，不能够实现完全一致，这样后人才能够更加清晰，什么是经过修补的，什么是古籍原有的东西，不会因此混淆。

古籍的修复和保护是对中华文明遗产的拯救，但是任何事情有利就有弊，古籍修复也是如此。对于古籍本身来说，可以使其更好地保存，但是在古籍修复过程当中可能也会发生一些意外的事情，非但不能够对古籍进行修复和保护，对其而言却是一种致命的伤害。一般来讲，通常可以继续使用的古籍，没有有害物腐蚀，而且完成度也较高，这样的古籍也不应急于修复。局部损坏的古籍可以进行局部处理，但修复范围不应扩大，工作面积应最小化，以保留古籍的原始特征和痕迹。仅当古籍受到严重损坏并且无法达到提取或移动的必要强度，可能会造成继续损坏并且未经适当处理就不能正常使用时，才可以进行修补和加固。

三、拟定古籍保护与修复策略

在对古籍进行保护和修复之前，应该对现有的修复技巧和修复能力进行可行性的评估，然后针对古籍的破损情况以及需要修复之处，进行全面了解。尽量在不伤害古籍的情况下，实现对古籍的修复。经过专家论证方案的可行性与实操性，并通过相关部门的审批，才能最终执行。在整个馆藏中应思考策略的选择，包括评估不同载体的使用，实施保护和修复，更换载体或购买新复本以比较效益。这样才能确保所选保护和修复策略的科学性、实用性和有效性。

由于无法复制有价值的古籍，因此，在对古籍进行任何处理之前，有必要进行系统的科学检查，以了解各个方面的情况并充分考虑到每个工作步骤带来的后果。建立古籍保护和恢复策略应基于古籍的损坏程度、纹理类别、笔迹状况等，并应使用现有的技术手段作为保障。制定明确的目标、实施方式、操作步骤，以计划好的方式进行维修，并制定与紧急纠正措施相匹配的修复策略，以免造成盲目性，否则会导致返工和不可弥补的损坏。为了确保安全，对于某些字符不明、状况不清或无法有效恢复的古籍，为确保安全，先暂时放置它们，妥善存放，仔细思考研究，待达到技术所需的水平时再进行修复，也可以运用社会力量，一起进行研究和分析，不要在没有绝对信心的情况下着急修复。

古籍保护与修复的策略具体包括：在保护和修复之前，应拍照记录使用的技术方法，使用的材料状况，实施的具体步骤，在特殊情况下应采取的补救行动以及修复后的古籍状况。在实际情况当中，如果遇到古籍修复情况特别复杂的时候，可以将古籍需要修复的地方分成不同的类别，再将这些类别进行细化，由此就把大问题变成小问题了。除此之外，在古籍修复和保护的过程当中，对于一些技术的应用也应该考虑古籍是否能够承受这些技术，比如说有些古籍，因为保存得不是特别好，所以不能够经过水润，但是在古籍修复过程当中经常会用到水润这么一种方法，因此，在实际的操作当中应该根据具体情况来做具体的判断，从而制定具体的操作方案，在操作之前完成可行性研究报告十分重要。

四、建立保护与修复档案

古籍保护和修复档案是指记录古籍保护和修复过程各个方面的历史记

录，并且以各种方式记录，例如文本、表格、图片、音频和视频以及实物，都是值得保留的。

在保护和修复古代书籍时，古代欧洲人非常重视档案的积累，包括标记各色颜料和购买原材料的信息，以便后来的修复者可以根据他们的图纸找到相同的材料。相比较下，保护和修复古籍是我们历史上的传统手工业，其中的技术仅仅是在师傅的口耳相传中。古籍修复人员文化水平大多不高，一般凭经验行事，缺乏科学总结。档案的保护和恢复不仅是古籍的"私人档案"，而且与古籍有着重要联系，是古籍保护和修复成果的主要体现。在档案中，可以看到保护和修复之前的古籍，还能看到修复、造纸和印刷等技术和风格。因此，古籍保护与修复档案的建立、收集、保管等是整个工作过程中必不可少的一个重要环节。

保护和修复古籍的档案应反映出真正的保护和修复活动的效果，档案记录应在整个过程中执行。在保护和修复之前检查古籍是否受损，进行修复准备，完整记录还原过程，在修复完成后验证修复质量，总结修复经验和教训，并在修复古籍后进行后续监测。

"具有保存价值"是指保存的文字、表格、图画、音频和视频资料以及有形物体，最能反映出复原前后古籍的外观，为子孙后代提供重要的修复信息，为再次执行可逆修复提供依据和参考。

古籍保护与修复档案主要包括古籍的基本信息、保护与修复计划、保护与修复过程、保护与修复前后的影像材料、质量评价和经验总结。每个部分的设置要求要素完备、逻辑清晰，同时又要满足综合要求，才能使整个档案的内容不仅重现修复前的破损状态，还要重现古籍修复和复原过程，这反映出修复人员的智力投入水平和技能水平，同样也要对保护和修复后的新风貌进行展示。保护与修复档案可为经验的总结和研究提供第一手资料，从而促进古籍保护与修复工作的科学化。现代信息技术的发展为古籍保护与修复档案的建立提供了新的平台，利用摄影摄像技术，并用计算机存储设备将保护和修复古籍的过程的影像资料详细完整地保存下来。

五、制定载体转换方案

载体转换指的是为了能够更好地保存古籍，可以将古籍当中的一些信息以另一种方式保存下来，从而既不会对古籍的保存造成影响，又使古籍当中的一些珍贵信息得以保留。通常情况下，使用的方法就是将纸质的古籍，通过声音或图像等其他方式进行转换。这些方式现在已经得到了广泛的应用，并且相关的步骤和程序较为完善和规范。通过对古籍的转载可以有效地保留古籍当中的一些重要信息。现在随着信息化时代的发展，出现了新型的网络数字化模式，对古籍转载的市场冲击非常大，通过相关技术的运用，越来越多的古籍，能够通过其他方式得以留存，讲述它所要传达的一段时期的历史、一段时间的文化。

1. 缩微复制技术在古籍载体转换中的应用。缩微复制技术是一种现代信息处理技术，涉及多门学科、多个部门，具有强大的包容性和成熟的技术。使用特殊的设备与技术，将古籍当中的所有细节进行缩小记录，最终呈现出来。它具有存储密度大、记录效果好、适用范围广、易于还原拷贝和多功能使用等优点。1838 年，英国摄影师丹赛用摄影的方法通过显微镜第一次把一张 20 英寸的文件拍成 1/8 寸的缩微影像。1854 年，H. 戴蒙德对手稿的缩微复制技术做了试验。1860 年，R. 达格龙试制出第一台缩微品的阅读器，解决了缩微后的文字如何阅读的问题。普法战争后大量缩微复制古籍的经验，启发了缩微复制技术在图书馆方面的应用，世界上一些大型图书馆已经相继建立了摄影实验室，并开始复制古籍工作。20 世纪初期，随着摄影技术取得明显的进步，古籍缩微复制技术得到更快的发展。1905 年召开的研讨图书馆收藏手稿、珍本印刷品、纸币等贵重文献复制问题的国际会议上，通过了在世界各国大型图书馆组建摄影实验室的建议。而后，1910 年在布鲁塞尔目录学、文献学国际学会上，首次展出了赫尔德斯米特设计的专用缩微复制机。1954 年，联合国教科文组织批准了一项移动实验室计划，该计划可以复制和缩微胶卷，多用于图书馆、科学技术和文化领域的档案和文件。它的服务地区范围为亚洲、非洲、拉丁美洲国家的图书馆等机构。20 世纪 80 年代，欧美图书馆、档案馆使用缩微平片相当普遍。

2. 数字化技术在古籍载体转换中的应用。数字化技术是指运用数字编码、数字压缩存储、数字传输、数字调制与解调、文字识别等技术，通过电子计算机、光缆、通信卫星等设备，来表达、传输和处理所有信息的技术。利用数字化技术可以将纸质文献、缩微胶片、录音录像磁带以及其他载体形式进行数字化格式转换，具体方法有扫描、数码翻拍、全息照相以及信息直接录入等。数字化技术用于古籍保护与修复的特点是占用存储空间较小、传输速度较快、易于检索使用的优点。数字化技术是近年来发展较快的一门文献载体转换技术，且随着网络化的普及，数字化技术成为了主流的古籍载体转换技术。通过数字化技术的载体转换，古籍的原始外观和内容可以相对真实、可靠地存储，并且可以使古籍从流通环节中退出来，存储在仓库中密封并长久保存。数字化技术在资源检索、查找和利用等方面具有快速准确、跨越空间等优势，极大地提升了古籍的利用价值。文献机构应根据文献自身情况，制定相应的数字化载体转换方案，将馆藏资源数字化，建立数据库与网站。目前，通过网络可以阅览甲骨文、敦煌遗书、宋元善本、金石拓本、西夏文献、地方志、家谱、年画和老照片等各类文献资源。可以说，古籍数字化是保护和利用古籍载体最有效、最科学的方式，可以说是文化传播和传承的重大革命。

六、设立灾害预处理方案

对于保存这些文献的机构来说，无论是图书馆、博物馆还是私人机构，关于自然灾害的预防，应该有提前准备，这是对古籍存放单位的最低要求。这些单位对可能发生的自然灾害有全面的了解和认识之后，不仅可以提前做好预防工作，而且在灾害发生之后也能及时采取补救措施。为什么要对这一方面进行着重强调，近些年来，随着人们对自然破坏越来越严重，越来越多的自然灾害发生。相关的机构可以从以下几方面来制订对应的古籍救援计划。①危险评估。确定对建筑物和古籍的威胁因素有哪些；②预防。即采取措施避免或减少危险；③准备。要制订一个书面的灾难准备反应与修复计划；④反应。当灾难发生时，应采取哪些措施；⑤修复，重建灾难损坏的建筑，使其可以再次存放受损古籍。

国际上的《档案馆灾害预防与控制指南》和《国际图联灾害预防手册》等文件关于如何处理一些常见的灾害已经有了非常详细的介绍，关于人为因素对古籍造成的破坏以及保管不当对古籍造成的损伤，其实都有一些解决办法给我们参考。在博物馆灾害预防这方面，发达国家做得比发展中国家要好很多，它们特别重视这个问题，并且在很早的时候就针对这些问题做了非常详细的调查报告，并根据这些实际发生的事情，整理出了相关的记录，通过研究其中的相似之处和不同之处撰写了很多有关报告供我们参考。我们国家虽然已经开始对这方面工作进行整理，但目前还处于初级阶段，和发达国家的研究成果不能够相提并论。在 2008 年汶川地震之后，我们国家格外重视当发生灾害后，古籍受到的损伤应该如何进行修复，以及灾害发生之前如何预防古籍的毁坏，这些方面的研究已经有了一定的成果，并且出版了相应的文字出版物，以供相关人员查阅。四川省档案局于 2010 年 3 月根据《四川省自然灾害救灾应急预案》《四川省突发公共事件总体应急预案》《档案工作突发事件应急处置管理办法》等文件的要求颁布了《四川省国家档案馆自然灾害和突发事件应急处置预案（征求意见稿）》。这些应急预案的制定如果能够在实际过程中加以运用的话，其实是非常有用的，可以很好地预防重大自然灾害对文献造成的影响，对古籍来说也能起到很好的保护作用。如果发生了重大自然灾害，但是人类有所行动、有所预防，那么保护文献的目的就达到了。对灾害做充分的了解，做一些预防准备工作，只是保护古籍中众多环节中的一步，虽然目前刚刚起步，但相信随着越来越多人的积极参与，这方面会做得更好，越来越多的措施会相继实施。

第三节 古籍保护与修复专业人才的培养和科学研究

人才培养和科学研究是事业实现可持续发展的重要保证。传统的古籍保护与修复人才培训主要是通过指导和自学，随着社会的进步，保护和修复古籍的人才培养方式正在发生巨大变化。这已成为一种职业教育和实践教育的专业学校。人力培训的主要力量。①

一、古籍保护与修复专业人员的培养

培养修复人员主要是由师父口头讲授，学徒自己练习，继承了一代又一代的保护和修复技能。这种方法虽然能够有效地对古籍修复的相关技巧进行继承，可学员在学习过程当中并不能够得到充分的教导，大多数情况下，从这种方式学到的方法在实际运用当中的效率非常低。如果学员自身学历过低，相应的基础性理论知道得也比较少，到从业后期很难开展一些创新性的研究。随着现代化技术的发展，越来越多的科技手段运用到了古籍修复和保护当中，在古籍的修复和保护中时常会用到一些新的技术设备，如果从业人员学历太低，无法正确地使用和学习这些新设备，也就谈不上对古籍实施更好的保护了。与此同时，由于我国当前的就业市场以出身名校和高学历为导向，导致这种过分追求高学历、重研究轻技能、重知识轻实践的教育模式大行其道。这一模式难以培养出社会真正需要的人才，而古籍保护与修复工作对实践经验及操作能力的要求很高，为此，古籍保护与修复专业人员的培养应把握好高学历与经验技能两者之间的平衡，在强调学校学历教育的同时，应广泛开展职业教育、在职培训与业务交流等多种教育形式。

---

① 汤印华. 从古籍保护视角谈古籍修复人才培养 [J]. 图书情报论坛，2011（5）：66-69.

（一）古籍保护与修复专业教育

专门从事古籍保护和修复的教育是指在各类学校中，对古籍的保护和修复进行全日制和系统的专业研究。职业教育是通识教育的一部分，应该是最基础、最正规的教育。

1.在欧美国家，对古籍的保护和修复经常被认为是高贵而神圣的艺术创作。从事有价值的古籍修复工作的员工通常可以在相关专业中获得硕士或博士学位。有关保护和修复古籍的教育和培训主要包括正规学校教育、实践教育、交流和研讨会等。

2.关于中国古籍保护和修复的专业教育相对较晚才开始，这与我国作为主要文献大国的地位以及需要恢复大量文献的情况相比是不相称的。真正意义上的学校专业教育近年才开始出现，并且水平渐渐从中专、高职院校逐渐发展到更高的水平。

中国古籍的保护和修复已逐步进入正规学校教育阶段，但还是在某些中学和高等职业学校中，仍处于较低的水平，教育水平有待提高。与保护和修复古籍的需求相比，学生的知识背景仅限于人文学科，知识结构不合理，教学内容跟不上时代。在招收在校学生时，应考虑将人文与科学相结合。对化学、物理学、生物学、矿物学、颜色理论、美术学、分析化学等古籍保护与修复学科建设必要的基础学科并没有涉及，实验能力与操作技能相对较弱。

（二）古籍保护与修复人员在职培训

实践培训是指由用人单位或其他教育机构为了提高从业人员技术水平进行的培训，是增强从业人员知识和技能的重要途径。

在国外，很多文物收藏机构对于相关工作人员的实践性要求非常高，并且都做了非常明确的要求，从业人员必须定期接受实践培训，否则无法从业。同时在国际图书馆协会联合会还专门设置了一些实践小组，供从业人员定期进行学术性的交流。以法国的文物保护组织为例子，在法国基本上所有的从业人员所在的组织都能够举办修复的培训活动。当然，活动分永久性培训和短暂培训。在培训时，从业者可以畅所欲言、大胆地发表自己的看法，相互讨论古籍修复当中遇到的一些难题。

（三）交流与合作

交流与合作主要是通过业务或学术研讨会、合作教育和合作培训来培养和提高从业人员的专业水平和能力。除了正规的专业培训和在职培训外，同仁之间的交流和讨论是培训人才的重要渠道和方法，同行之间的相互启发和交流在促进事业发展中起着重要作用。例如，波兰国家图书馆每两周举行一次研讨会，每年举办数次相关的国际研讨会或国内研讨会，大多数参与者是波兰的文献保护和修复专家，图书馆工作人员也会有参加研讨会的机会。日本国立国会图书馆是负责保护亚洲文件的副中心，每年基本上都会开展有关保护亚洲区域文献的教育和研讨会。近年来，我国越来越多地参加文献保护和修复领域的国际交流活动。2004 年举办中日韩三国文献保护研讨会。2006 年举办中埃古籍修复技术教育论坛等一系列交流活动，这对提高中国古籍保护与修复从业者的理论和实践水平具有明显的影响。

（四）社会力量的专业教育与培训

对于古籍的保护和修复，不仅看重一个人的学习水平、行业经验，更重要的是要看这个人的实践经验，在学校里学习死知识是远远不够的，还需要有专门的教育培训机构带来更多的实践经验。除了培训之外，各国之间如果想对古籍或者其他文物的修复保护工作进行更多的交流的话，要摒除偏见，采取更多交流与合作的模式，寻求更多交流与合作的机会，通过一些合作教育的培训来提高从业人员的综合能力，从业者之间可以进行一些私人化的培训交流。为此，国家应出台相关政策，打破行业壁垒，鼓励社会力量特别是有资质的专业公司加入古籍保护与修复工作的专业教育与培训中，推动古籍保护与修复工作的产学研一体化，促进产学研的共同发展。社会力量参与古籍保护与修复的教育培训可以采用联合办学、委托办学等多种模式，举办短训班、长训班、双休日班、节假日班、主题班、经验交流班等有针对性的教育与培训活动，将经验与技能加以推广，迅速改善我国古籍保护与修复人才严重短缺的困境。

总之，培养和保护古籍人才应坚持专业教育与实践培训相结合，加强实地培训与交流。促进工作人员，促进社会力量参加专业教育和培训体系，创立古籍保护体系，并建立长期人才培养机制。此外，还应成立藏族、蒙古族、维吾尔族等少数民族语种的古籍保护与修复培训机构，加强对少数民族地区古籍保护与修复的人才培养步伐。

二、古籍保护与修复科学研究

古籍保护与修复原本被视为一种手艺，多倾向师徒相授的方式，以经验相传，而缺乏文字性的记录。但是随着时代的发展，古籍保护与修复越来越多地涉及一些新技术、新材料，口授身传已经无法准确地记载和传承，许多研究者陆续投入古籍保护与修复领域，让古籍保护与修复技术有了长足的进步，古籍保护与修复也从一般人眼中工匠的技艺，转变为具备高度专业知识技能，并高度结合人文历史、材料科学与修复技术的一门科学研究。

古籍保护与修复的科学研究主要包括对在水、热、空气污染、光、昆虫、真菌等作用下产生的物理和化学变化并进行记录，以发现变化规律与科学保护、修复的方法，内容涉及人文科学、自然科学和应用科学，应属于一门综合性的应用学科。

（一）理论研究

通过长时间的研究发现，对传统的古籍修复，大多数要提前对于古籍当中所描述的历史做详细的了解，在修复过程当中才能做到得心应手，不会被里面的历史所困扰。随着科学技术的发展，现代化的古籍修复已经和传统的方法有所不同了。现在大多数会借助于一些更加高科技的东西，借助一些新兴的软件来对古籍进行修复。以欧洲文献保护师——修复师组织联盟（E.C.C.O）职业准则举例，其中规定从业人员的知识结构和专业背景主要涉及的理论研究主题有：保护与修复的伦理原则；科学（如化学、物理学、生物学、矿物学、颜色理论）；人文学科（如历史学、古文字学、艺术史、考古学、民族学、哲学）；材质和工艺史；技术和制造工序；衰退过程的鉴定和研究；文化财产的陈列和运输；保护的理论、方法和技术；预防性保护和修复；制作复制品的过程；档案学的方法；科学研究的方法；保护与修复史；法律议题（如职业法规，文化遗产、保险、商业和税收等法律）；管理（包括收藏、职员和资源）；健康和安全（包括环境议题）；沟通技巧（包括信息技术）。

自20世纪60年代起，古籍的修复已经成为了多部门共同研究的重点，很多图书馆也根据古籍修复的发展历程，出版了很多相关的书籍。这些书籍的目的就是为了更好地对古籍修复的方法以及概念做一个完整的论述，同时对于如何保护这些古籍，如何预防古籍受损做了详细的论述。

我国自 20 世纪 80 年代开始各项事业进入高速发展的历史时期，古籍保护与修复的理论研究也日渐活跃。活跃程度通过一些报纸期刊和报道显现出来。从 20 世纪 80 年代开始越来越多的报纸开始报道和古籍修复与保护相关的内容，从而古籍保护再也不是束之高阁的理论研究，而真正地走进老百姓们的生活当中去，越来越多的人开始了解，并且走进这一项文物的拯救活动。这一过程，也吸引了很多人，有更多人自愿地加入这个群体当中。

除此之外，相关专业性的理论研究也成为百姓们获取古籍修复信息的重要来源。在一系列的国家研讨会上，很多国家就古籍保护与修复做了很多精彩绝伦的演讲。在这些演讲过程当中往往都带有他们实际操作时的一些应对措施，所以对于其他国家而言，非常有学习借鉴的价值。

港澳台地区的理论成果也较为丰富，其中代表性的著作主要有 2000 年台北历史博物馆出版，周宝中著《文物保护科技文集》；2002 年台湾行政主管部门文化建设委员会出版，黄光南等编著《文物保护手册》；2008 年南天出版社出版，杨时荣编著《图书文献保存性修复》等。

综观国内外理论研究成果，当前古籍保护与修复的研究领域及热点主要涉及以下几个方面。

1.古籍制成材料的研究。古籍使用的纸张特点，决定古籍能否容易保存。例如，大部分的纸使用植物纤维制造，植物纤维的质量好坏就会直接决定这些纸张柔韧性以及耐久性的强度，所以在造纸的过程中，原材料的使用对纸张的质量，包括后期的保存难易程度都有着密切的影响。只有对这些材料有详细的了解和学习，在实际操作当中不断地根据实际情况进行调整，才有可能为古籍修复和保护提供更多的思路和技术。古籍纸张的耐久性长期以来都是研究人员重点研究的内容之一，耐久性对于古籍的保存而言至关重要。弄清楚了耐久性的原理，在往后的古籍修复当中，可以减少很多实验操作步骤，从而简化操作过程，提高古籍修复和保护的效率。

2.古籍保存环境研究。古籍保存环境的研究包括很多方面的因素。比如空气当中颗粒物、水、湿度以及其他方面的影响。如果古籍能够在自然条件下进行保存，古籍的损坏过程可能就比较缓慢，如果在比较潮湿或者空气比较污浊的情况，那么古籍的损害程度就会加速。这些年越来越多的极端天气给古籍保护带来了挑战性，比如雾霾天气，对古籍来说就是非常大的灾难，雾霾当中有非常多的灰尘和化学物质，当这些化学物质和古籍接触的时候，可能就会发生化学反应，从而影响到这些纸张的性能，严重的情况下会直接腐蚀这些纸张，使古籍上的字迹消失。如何在极端天气发生的时候，对古籍进行特殊的保护，也是需要研究人员做进一步的相关研究调查，当前在一些研究成果中，也有一些对如何在极端天气中保护古籍修复古籍做了非常详细的实验，非常值得学习。

（二）科研机构

科研机构是具有非常清晰的研究方向与任务，是拥有一定水平的学术带头人和一定质量的研究人员的机构，具有长期进行研究和组织研发活动的基本条件。国外专门的古籍保护与修复科研机构形式各异，除了国际组织创办的专门研究机构，世界各国图书馆、档案馆和博物馆等机构附设的古籍保护与修复部门，其中有一定研究实力且较为知名的机构，美国主要有：国会图书馆、国家标准局、国家档案馆、大都会艺术博物馆、东北部文献保护技术中心、史密森尼学会和盖蒂研究所等机构；得克萨斯大学、罗格斯大学、密歇根大学和北卡罗来纳大学等高校的文献保护与修复专业院系设置的相关研究室；还有文献机构下设的研究机构，如美国的哈佛大学图书馆、韦斯曼文献保护中心等，它们大都具有较高的研究实力与水平。其他国家与地区的科研机构如加拿大的文物保护研究所、文物保护中心从事文献保护与修复的理论研究；墨西哥的拉丁美洲文化财产保护与修复地区中心、自然历史科学博物馆等开展对馆内藏品的研究保护与修复工作；英国公共档案馆和博物馆研究实验室、历史与艺术文物维护中心、历史艺术品保护协会、维多利亚与艾伯特博物馆等对几乎所有门类的文物修复研究都有所涉及；意大利也有国家档案馆照相复制与修复中心和图书病理学研究所、罗马国际维护中心等文献保护与修复机构；德国巴伐利亚州文物保护局、档案学校附设的研究机构等都具有丰富的实践与理论研究经验；梵蒂冈的博物馆也设有文物保护实验室，主要任务是对文物进行保护处理、文物材质与病害分析；日本国立国会图书馆、东京国立文化财研究所、奈良国立文化财研究所等的化学、物理、生物等修复研究室具有一定的水平。此外，法国的国家档案馆、俄罗斯联邦图书馆也附设相关的科研机构。

　　我国专门的文献保护与修复研究机构主要有各种类型图书馆、档案馆、博物馆、文物馆、纪念馆等附设的各类研究机构。除了国家图书馆古籍保护中心、档案科学技术研究所、中国文化遗产研究院、故宫博物院文物修复工厂等国家级研究机构，一些省市文献机构下设有专门的科研机构，如首都博物馆文物保护修复中心、西安文物保护修复中心等。学校设立的专门研究机构如金陵科技学院文献保护研究所。此外，与文献保护修复研究有一定交叉和关联的还有中国社会科学院简帛研究中心、北京大学古籍文献研究中心、北京师范大学古籍研究所、中央民族大学古籍所、清华大学出土文献研究与保护中心、郑州大学历史文化遗产保护研究中心、武汉大学简帛研究中心、复旦大学出土文献与古文字研究中心、陕西师范大学历史文化遗产保护中心等高校科研机构。

　　设置一些科研机构对古籍修复和保护是很多国家正确的做法。首先，这些科研机构可以保障古籍的修复过程能够规范化地进行，因此，对于古籍修复来说也是一种保护。其次，这些科研机构每天都进行不同的实验，对古籍修复和保护进行测试，从而在实际操作当中减少操作失误给古籍带来的影响。很多发达国家在几十年前就已经通过这些科研机构的设置装备了很多高科技的仪器，能够对古籍修复和保护进行更多元化的研究与发展，甚至一些国家引入了其他行业的一些机器设备用于古籍修复和发展，这些目前在我国都是没有实现的。究其原因就是我国对古籍修复和保护的认识发展得比较晚，一直到 21 世纪才有类似的科研机构的出现，比其他发达国家差不多晚了 50 年的时间，当前我们更需要抓紧时间加大相关科研力度，力争在有限的时间里能够修复和保护更多的古籍，能够学习到更多的经验和技巧，从而对以后的工作提供帮助。值得庆幸的是，随着国家对于古籍修复和保护的投资力度越来越大，越来越多的人加入到了这一队伍当中去，给我们国家古籍修复和保护的整体水平发展带来了很大的影响，相信在这种良好的发展势态下，对于古籍修复和保护的相关研究会越来越全面和完善，我们国家在这方面和发达国家的差距也会不断缩小。

第四节 古籍保护与修复工作环境管理

很多古籍的体积比较大，所以会占用较多的空间，因此，在古籍的存放过程当中除了要注意大环境之外，还要注意古籍存放的小环境。古籍在存放的时候，小环境会受到空气当中水分以及湿度的影响，所以对于小环境的设置需要格外注意。给古籍创造最佳的保护条件，减缓自然风化的时间和程度，要想为古籍的保护提供更好的环境，应该制定一套比较完整的规定，关于古籍保护的具体环境设置，在保护过程中加强工作人员的管理，尽量减少人工操作失误带来的伤害，延长古籍的保存寿命，让古籍发挥更大的价值。

古籍库房的选址和建筑设计是决定古籍保护与修复工作环境优劣的重要因素，而日常的环境管理也必不可少。我国其实已经制定了关于博物馆建筑的设计规范和其他的一些设计规范。在这些设计规范当中，都对古籍存放的地点环境做了非常详细的要求，包括在这些场馆施工的时候不能够对古籍的保存产生影响，不能因为装修原因对古籍造成伤害。关于古籍保存库房环境的建设，美国国家标准《图书馆和档案馆资料展示的环境条件》对图书馆、档案馆等文献机构建筑设计有专业细致的规定。我国制定的《博物馆建筑设计规范》《图书馆建筑设计规范》《档案馆建筑设计规范》对库房的温湿度、光照、防烟尘、防有害气体、防盗、防火、防虫、防鼠、给排水、电气使用甚至是防雷击等均有明确的规定和要求。大多数的古籍修复工作室就近设在古籍库房附近或由库房分割而成，古籍修复工作室有古籍保存环境的相同或类似的特性，但也有其工作要求的特殊性一面。现对古籍保存环境以及古籍修复工作室环境的管理分别进行阐述。

一、古籍保存环境管理

（一）温度与湿度因素的环境管理

温度可以影响古籍的保存质量。从微观上讲，它是分子剧烈运动的程度。分子运动得越快，物体越热，温度随之升高；分子运动越慢，物体的温度就越低。因此，如果古籍长时间存放在温度较高的环境当中时，分子运动就会越快，古籍的温度就会上升，从而影响到古籍的存放，加速对古籍的伤害，影响保存的时间。

1. 温湿度对古籍载体保存的影响。大多数情况下，温度和湿度共同作用一起影响古籍存放的效果。根据我国南北地区气候差异的影响，大多数温度高的地区经常干旱，大多数温度低的地区经常潮湿。

第一，加速古籍载体的变质老化。当温度升高的时候，古籍材料中的大分子运动就会加速，从而提升古籍自身的温度。那么古籍很有可能在保存过程当中就会加速它的风化，进而影响到古籍之后的保存。从另一方面上讲，因为古籍是经过修复之后进行保存的，上面已经带有后来加入的其他材料，和最开始的古籍有所不同。存放环境过于热，其中的一些材料会发生物理变化和化学变化。比如古籍修复的时候，经常用到的一种物质就是糨糊，糨糊遇热之后会融化，融化后的糨糊变成液体朝地势较低的地方流动，这样一来可能糨糊会与其他纸张粘连。

第二，导致古籍载体的形变。温度忽高忽低还会使古籍载体在形状上发生改变，热胀冷缩对于古籍载体来说同样适用。温度的忽高忽低还会影响到古籍周围湿度的高低。当温度升高的时候，湿度就会变小。湿度过小容易导致载体脱水、脆化、胶粘剂失效，同时也会使组成载体的物质以不同的系数收缩与膨胀，这种频繁而剧烈的运动会产生破坏性应力，最终改变古籍载体的形状，甚至断裂并解体。

第三，引起生物侵害。当温度适宜湿度适宜的时候，会加速生物的孵化和繁殖。在这些生物孵化的过程当中，大多数会释放酸性物质，酸性物质会和书籍纸张中的植物纤维发生反应，水解之后，植物纤维就会断裂，那么古籍的保存就更加困难了。

此外，如果湿度太高，则纸张会发潮产生水解，导致防水性差的字迹褪色和模糊。从而加速古籍损坏。

2. 温湿度的调控。为了提供更好的保存环境，需要将古籍存放的环境进行调整，调整到最适宜的温度和湿度。如此古籍才能够更长久地进行保存，对古籍存放周围的温湿度进行测量是温湿度调控的第一步。存放古籍的房间需要有最基础的温湿度调控装置，随时对房间内的温湿度进行监测，同时给古籍保护的其他方面提供建议。为了使古籍保存环境处于最佳状态，必须加强对温湿度的调控，有效地保护和延长古籍寿命。

温湿度的控制方法主要包括气密性、通风和运用各种调节设备。仓库的密封性可以减弱并防止仓库外部不适当的温度和湿度的对其的影响，因此，要保证仓库的温度和湿度处于相对稳定的状态，有必要定期检查和维护古籍仓库建筑的外墙、屋顶、门窗、水管并采取密封保护措施。

部分珍稀或利用率较低的古籍可用箱柜等装具进行密封保管，尽量使用一些透气性较弱的装具，使古籍隔绝空气；定时对库房进行通风，仓库内外的空气完全对流交换，调节仓库内部的温度和湿度，并使仓库内的温度和湿度相对稳定。不同的季节和天气使用调节设备以调控温湿度，这类设备主要有空调、制冷机、排风扇、加湿器、喷淋、采暖管等。古籍库房内温度的调控要注意升温不能用明火，降温不能结露。

不同国家和地区的标准规范对不同类型的古籍库房温湿度有着各自的规定。我国《图书馆建筑设计规范》设定基本书库的温度在 5℃~30℃ 之间，湿度在 40%~65% 之间；特藏书库的温度在 12℃~24℃ 之间，湿度在 45%~60% 之间；特藏阅览室的温度与特藏书库的温差不宜超过 ±2℃，湿度差不宜超过 ±10%。

（二）光照因素的环境管理

光照是指光的照明，分为自然照明和人造照明，阳光是自然照明，而灯光是人造照明。光照如何影响古籍的保存，分成两方面的原因，首先是光照强度其次是光照时间，当光照强度越高的时候，那么对古籍的伤害也就越大；光照强度越低，对古籍的伤害就越小。而光照时间，也是除了光照强度之外，对古籍影响较大的一个因素，当古籍长时间曝光在有光的环境中的时候，那么古籍就更容易受到损害，而当古籍存放在比较阴暗的环境中的时候，那么古籍受到损害的可能性就会变小。

1.光照作用对古籍的危害。光具有波粒二象性，既具有波动性，又具有粒子性。光的微粒称为光子，每一个光子都有一定的能量。科学实验表明，波长越短，频率越高，能量越大，辐射就越强，越容易造成纸张纤维素的断裂。因此，紫外线短波对纸质文献的危害最为严重。

2. 光化学作用对古籍的危害。光照强度和光照时间会影响古籍的保存质量。除了这些因素之外，在古籍长时间照射的过程当中也会发生化学反应，这些化学反应会给古籍带来伤害。纸张大部分由植物纤维制作，当光能积累到一定量的时候，会发生化学反应，纸张中植物纤维之间高分子化合物的键就会断裂，从而纸张的柔韧性以及耐久性就会遭到破坏，而耐久性是影响古籍能否长久保存的最重要的因素之一，一旦耐久性遭到破坏，古籍的存放效果就非常差。由于纸的主要原材料是植物纤维，而植物纤维的主要成分是纤维素、半纤维素、木质素等三种高分子聚合物。其中纤维素是由 D- 葡萄糖基构成的链状高分子化合物，在光照作用下会发生光氧化反应，生成容易粉碎的氧化纤维素，降低古籍载体的拉伸强度；半纤维素是除纤维素和果胶以外的碳水化合物，半纤维素是生产纸用化学纸浆时应当尽可能多保留的一种成分，因为它对纸浆的打浆性能和造纸性能具有良好的影响。而半纤维素在光线照射下容易氧化发生化学反应，造成载体的抗拉强度、弹性模数和透明度等下降；木质素是由苯基丙烷结构单元通过碳－碳键和醚键连接而成的具有三度空间结构的高分子聚合物，因为新闻纸主要由机械木浆制成，纸张中含有大量容易氧化的木质素，尤其在光照条件下木质素氧化得更快，造成纸张发黄变脆。

在自然界中，光是最常见的电磁波。同时，光对古籍的破坏是一个持续性的过程，因为光能被古籍吸收之后能量是可以储存在古籍当中的，而当这一能量达到一个比较高的状态时候就会产生影响，从而对古籍造成伤害。

（三）光照的利用与管理

尽管光对于古籍来说，可能会带来致命性的伤害，可是在实际操作当中对古籍进行修复和保护的时候，人们又需要借助光才能够更清楚地对古籍进行修复，因此，需要在修复过程当中合理地运用光源，在尽量不伤害古籍的情况下，用光源完成对古籍的修复。

1. 自然光照的利用与管理。自然光也就是不借助发光工具，自然界本身就有的光亮，但是在实际的生活运用当中可以借助于一些手段储存自然光照。比如，在装修房子的时候可以尽量选用颜色较浅的家具或者采用颜色较浅的墙面。这样能够吸收更多的自然光，使房屋看起来就自然而然的通透宽阔了。自然光还是一种比较健康的光照方式，不是由科技手段发射出，对人体基本上不会造成伤害。要注意合理地利用自然光，不要让自然光在不合理的应用之下成为光污染。

我国图书馆、档案馆和博物馆等文献收藏机构的建筑设计规范中规定自然采光标准不低于《建筑采光设计标准》中的规定，图书馆建筑的采光系数标准值见表7-1，博物馆和美术馆的采光系数标准值见表7-2。

表7-1 图书馆建筑的采光标准值

采光等级	房间名称	侧面采光		顶部采光	
		采光系数标准值 Cmin（%）	室内天然光照度标准值（lx）	采光系数标准值（%）	室内天然光界照度标准值（lx）
III	阅览室、开架书库	3.0	450	2.0	300
IV	目录室	2.0	300	1.0	150
V	书库、走道、楼梯间、卫生间	1.0	150	0.5	75

表7-2 博物馆和美术馆的采光标准值

采光等级	房间名称	侧面采光		顶部采光	
		采光系数最低值 Cmin（%）	室内天然光临界照度（lx）	采光系数平均值 Cav（%）	室内天然光临界照度（lx）
III	文物修复、复制、门厅工作室、技术工作室	2	100	3	150
IV	展厅	1	50	1.5	75
V	库房走道、楼梯间、卫生间	0.5	25	0.7	35

注：表中的展厅是指对光敏感的展品展厅侧面采光时其照度不应高于450x：顶部采光时其照度不应高于300x；对光一般敏感或不敏感的展品展厅采光等级宜提高一级或二级。

虽然自然光源是取之不尽的资源，但由于自然光照变化幅度大，不易控制调节，古籍直接暴露在自然光照下容易受到损伤。现代建筑普遍使用玻璃幕墙，书库内部容易形成温室效应，高温致使古籍受损也不容忽视。为此，在使用自然光照的同时，应考虑设置一些过渡隔离空间、安装一些诸如窗帘、遮阳篷和空调之类的调节设备，尽量不要让古籍直接裸露在自然光线容易直射的地方。在自然光线照射入口，使用一些反射、过滤光线的材料，既保证照明的需求，又能适当地降低室温，过滤掉对古籍有损伤的部分光线。例如，自然光照中含有大量的紫外线，而紫外线对古籍载体的破坏最大，应采取措施过滤掉射入室内的紫外线。传统的做法是在窗户上安装凹凸玻璃、毛玻璃、空心散光玻璃等，利用这些表面不平的玻璃对光线进行多次反射从而减少紫外线的含量，还可考虑在窗户玻璃上涂加一层滤紫外线材料进行防护。

2. 人工光照的利用与管理。在实际的建筑设计当中往往不能做到全面的预测，甚至当建筑本体完成之后，可能会出现光线不足的情况，这个时候就需要通过人工光照来进行调整。

人工照明也就是灯光照明，主要用于夜间和密闭空间的照明，也用于白天光线不足的室内空间。人工光源的种类非常多，可以借助于各式各样的工具照明，在现代的建筑物中有广泛的应用。人工光照与自然光照同样对古籍载体具有一定的破坏作用，光照强度较强的灯具长时间直射会使古籍发黄变脆。为加强对人工光照的控制，要将建筑物按功能分区安置不同的人工灯具，根据古籍贮存、展示、阅读等不同需求安置相应的灯具。在充分利用自然光照的前提下，合理利用人工光照，适时适量，不过度使用。灯具上可使用类似"光触媒"的涂料，它可以涂在光源或透光物体上，在紫外线及可见光的作用下产生催化降解内能，能有效地降解空气中的有害气体。为避免灯光直接照射古籍，最好为偏弱光感。光照强度是指单位面积接收的可见光的能量，也被称为照度。古籍、书画等纸质文献应在 25~50lx 照度以内。此外，人工光照的照射角度也是一个不容忽视的因素。例如，日本东京国立博物馆展览室中灯光大多呈斜45°角的照射设计，避免了直射对古籍的损害，并且折射的光线有利于展示古籍，使其视觉效果不失真。

（四）空气因素的环境管理

1. 空气污染对古籍载体的危害。空气是由多种气体组成的混合物，主要由氧气、氮气、稀有气体、二氧化碳及其他物质组成。

不同气体在地球上不同的位置、不同的高度都有着不同的分布，所以在进行古籍修复和保护的过程当中，应该根据古籍所处的地理位置做相应的调整。很多有毒气体不仅对人的身体有害，飘浮在空气中也会和古籍发生化学反应，对古籍之后的保存带来影响。一般情况下，古籍载体可以吸收空气当中的有害气体，从而保护古籍不受伤害。这些载体在吸收有害气体的时候会让气体附着在古籍载体的表面，经过长时间的附着，渗透到古籍载体的内部，间接地对古籍造成了不可挽回的伤害。有害气体对古籍的伤害过程通常和温度、湿度等因素共同作用，在高温度、高湿度下的危害程度更大。

烟尘污染是指因空气中悬浮颗粒的污染而导致空气质量下降，这些颗粒物质主要有灰尘、尘埃、尘土、微粒、粉尘、气溶胶和沙尘等。根据颗粒大小，烟尘可分为降尘与飘尘。降尘的粒径大于 $10\,\mu m$，并且会根据其自身重量自然下降，并且每单位面积的降尘量可以用作评估空气污染程度的指标。飘尘的粒径小于 $10\,\mu m$，小颗粒很轻，可以在空气中停留很长时间，在空气中的漂浮范围从几公里到几十公里不等。它在大气中逐渐积累并造成污染。常见的灰霾就是飘尘的一种，它的组成成分十分复杂，包括数百种大气颗粒物。如硫酸盐和硝酸盐等。烟尘成分复杂，包括无机物和有机物。无机物有石棉、二氧化硅、金属物质（汞、铅、铬、镉、锰、铁等）及其化合物；有机物有多种烃类，特别是多环芳烃等碳氢化合物。飘尘具有吸湿性，易于吸收大气中的水分，并在表面形成具有强吸附力的凝聚核，可以吸收有害气体以及高温冶炼过程中排放的各种金属粉尘和致癌物。某些飘尘颗粒表面也有催化作用，例如，钢厂排放的三氧化二铁催化表面上的二氧化硫变成三氧化硫，吸收水变成硫酸。

随着社会现代化的发展，我国工业发展的速度越来越快，在这一过程当中也付出了很多，比如对环境造成了很大污染。在工业发展的同时，排放的工业废气使空气污染越来越严重，空气污染加剧也给古籍保护带来更多的问题。空气中颗粒物带有酸性，当这些酸性颗粒物和古籍接触的时候就会和古籍发生反应，影响古籍的耐久性。

2.空气污染下古籍的保护。由于空气充斥自然界且是流动的，因此，在空气受污染的条件下保存古籍较为困难。应考虑从古籍保存库房建筑物内外两方面进行。

（1）外部空气污染预防：预防的关键就是在还没有兴建博物馆时，

对周围的环境做一个可行性的研究，尽量选择远离污染源的地方，尤其远离重工业工厂。若在实际情况当中实在是难以避免，则应该把博物馆建在污染源的上风口，因为在刮风的时候烟尘随着风的方向流动，污染源位于上风口对古籍造成的影响比较小。

（2）内部空气净化防治：古籍库房内部格局在设计时，应充分考虑通风要求，在发生紧急空气污染时，能在短时间内排出。同时，加强门窗的密闭性能，在古籍库房建立突发事件临时隔离区。库房内部建筑材料、各类电器以及家具设施应尽量采用较少挥发有害气体的产品。每天定时开窗，保持室内空气清新、流动，有条件的可安装空气监测设备，实时观测空气污染程度，以便采取相应对策。库房内还应定期进行清扫，对散落在地面、空气、装具和古籍上的尘埃微粒进行清除。有多种净化空气的方法，从净化原理的角度来看，有两种类型：物理吸附和化学分解。当前市场上的除尘器具种类繁多，其工作机制多采用这两种原理，但在选用过程中，应注意避免使用一些会产生有害的气体的除尘器具。例如，某些静电除尘器工作过程中产生臭氧，而臭氧是已知最强的氧化剂之一，为免除古籍遭受氧化破坏，应选择使用不产生臭氧的静电除尘器。此外，室内严禁烟火，并适当摆放一些花草对库房室内空气进行生物净化。

（五）生物因素的环境管理

危害古籍的生物因素主要是各种微生物、昆虫和啮齿动物。

微生物是所有肉眼不可见或看不清的小生物的总称，包括所有的原核生物细菌、放线菌、蓝线菌、支原体、霉菌、原生动物和微小藻类等。微生物是一个庞大的生物群，有几十万种之多，而且还不断有新种类被发现。微生物具有个体微小、构造简单、数量众多、分布广泛、适应性强、繁殖速度快和容易变异等特点。危害古籍的微生物主要是部分细菌与霉菌，它们能够在古籍库房内的一般条件下生存，特别是在一定的温湿度环境中生长发育更快，对古籍产生不容小视的危害。

对古籍有害的微生物的防治措施具体包括以下几方面。

第一，库内温湿度控制。有害微生物生长的最合适温度通常为18℃～28℃，最合适的相对湿度通常为95%或更高，所以有必要控制仓库的温度、湿度和相对湿度在适合多年生长（例如温度低于20℃）的范围之外，介于45%～55%之间。在低温度和低湿度条件下，古籍中发现的有害微生物的生长受到抑制，并且孢子很难发芽。可以运用空调和除湿机等设备调节温度和湿度，也可以采用自然通风和机械通风。但是，自然通风通常受仓库外部环境的限制，采用自然通风时要注意环境变化。如果外部温度高于内部温度，则可以使用通风来提高内部温度；如果为了降低仓库内部温度，仅当仓库外部的温度低于内部温度时才有可以进行。如果外部的绝对湿度低于内部的绝对湿度，则可以使用通风降低仓库的湿度；如果绝对湿度高于内部的绝对湿度，则可以使用通风来提高仓库的湿度。

第二，库房清洁卫生。经常对库房进行打扫，可以及时地清理掉一些污染性的物质，从而加强对古籍的保护。如果湿度正常或稍高，可以使用略湿的布去除灰尘；如果湿度低，用湿布去除灰尘。在库房中使用防发霉的涂料是保护古籍很好的办法，涂上这些涂料之后，房屋就不容易受霉菌影响。古籍极少触到霉菌物质，受到的腐蚀性的影响就较小。除此之外，还需要为所有的古籍配备不同的装置器具。器具在选材上应该做到不与古籍发生化学反应，不会给古籍带来伤害。同时在制作器具的时候也要注意，尽量减少和古籍的摩擦，不对古籍当中柔软的纸张造成影响，但也不能过于坚硬，在放置过程当中可能会出现磕碰而损害古籍。

第三，使用安全有效的防霉剂。直接在古籍当中使用一些化学试剂因子，可以避免微生物在古籍当中产卵繁衍以及生长。在使用防霉剂的时候要选择对古籍没有任何伤害，同时没有过多化学添加剂的防霉剂，因为防霉剂本身也是由化学物质组成。这些物质很有可能会和古籍发生化学反应，从而造成伤害。防霉剂的浓度不应该过高，一旦过高腐蚀性就较强，一般古籍的保存状态都不是特别好，在较高浓度之下可能就会被腐蚀。防霉剂应该具有较长的保质期，不会因为空气当中湿度和温度的变化而降解。

第四，清除措施。如果在储存当中，不小心受到污染，需要立即对古籍进行修复和保护。一般情况下，可以从物理保护和化学保护两方面进行修复。

物理灭菌指的是利用一些物理方法对古籍遭到的微生物危害进行消除。这种办法一般通过控制温度、湿度以及光照等一些物理因素而实施。真空干燥灭菌就是从温度方面进行灭菌的一种行动，这种方法将古籍周围的空气温度缓慢地降到冰点。在这个过程当中，使古籍受到危害的微生物逐渐失去活性，最终因为细胞结构被破坏，导致微生物的死亡。采用这种方法的时候，古籍周围的空气会逐渐变得稀薄，对于微生物而言，呼吸也变得困难，加速它们的死亡。同时，空气以低氧或绝氧状态干扰细菌正常的呼吸，而干燥过程会导致细菌脱水和盐分增加，从而干扰正常的代谢活动。微波辐射用于使有害微生物脱水，使蛋白质凝结然后死亡。使用 γ 射线照射可以使有害微生物的活性酶失活，分解 DNA 或分解其他物质，从而导致死亡或诱变。

化学熏蒸除了可以消除微生物之外，还可以起到预防的作用。常用的药物是甲醛，这是一种无色液体，具有特殊的刺激性味道，很容易蒸发并溶解在水中。甲醛是一种破坏生物细胞蛋白质的原生质毒物，具有很强的杀菌作用，其杀菌机理是使细菌的蛋白质凝结，脱水后杀死细菌。具体方法是通过将甲醛和水以 1 ∶ 1.25 至 1 ∶ 5 的比例混合在容器中以形成水溶液，均匀搅拌，然后用湿布把书架、门、窗和装置外表擦洗，晾干后再次用抹布擦拭，同时将加入甲醛溶液的喷雾器对着四周和地面喷射，最后一步就是关门密闭熏蒸，过程通常为 3 ~ 5 天。通过这个方法不仅可以有效地杀死古籍中的微生物，还可以有效预防微生物生长。

随着古籍载体新材料的不断运用，我们还应该在长期实践中不断地积累和总结更多有关有害微生物对古籍载体的危害及污染后的清除方法，以便有效地保护古籍。

除了微生物之外，昆虫也是影响古籍修复和保存很重要的原因之一，古籍容易招致昆虫，是因为在古籍制作，以及古籍的修复和保护过程当中，经常会使用到糨糊。糨糊是一种高分子化合物，和古籍所使用的纸张中的植物纤维，都可能会成为昆虫喜爱的食物。一旦昆虫附着在古籍上轻则会在古籍当中咬很多虫洞，重则出现破损，对于古籍整体性的影响非常大。

我国古代有曝晒驱蠹、染纸避蠹和药物防蛀等针对昆虫损害的保护方法，结合现代实际情况，关于如何预防和如何治理昆虫的问题以下给了几点建议。

第一，加工纸质时添加防虫药物。黄檗汁、椒汁均可染纸。古代以铅、硫黄和硝石等为原料，在空气高温时生成橘红色粉末状的红丹以及现代采用一氧化铅或碳酸铅制成的四氧化三铅，利用其毒性和散发出的刺激性气味来防虫。

第二，放置防虫药物。比如香茅等植物在放置的过程当中会挥发一些气体，从而能够有效地驱赶昆虫，这些作为比较自然的方式是比较受到追捧的。

第三，熏蒸。熏蒸法灭虫见效快，范围大。采用一些化学元素放置在古籍的周围，并升温，可以有效地发挥出一些化学气体，但这些化学气体可能在驱赶昆虫的时候也给古籍带来伤害，因此，在材料的选择上需要提前准备，并且做到对古籍无害。

第四，冷冻驱虫法。美国耶鲁大学图书馆发现蛀虫在零下40℃的环境之内被冻48个小时之后都会被冻死，于是采用这种低温冷冻进行灭虫。

第五，辐照法。这种方法是最受欢迎的一种方法，既可以有效地将昆虫杀死同时不会对古籍产生任何影响，经过照射之后，古籍原本的形态颜色以及字迹的清晰程度都不会发生丝毫的改变。

由于古籍经过装订、修补，有浆料或因古籍粘有食物而引致鼠咬。被老鼠咬过的古籍大都四周缺损，严重的会造成部分书页的损毁，特别是书口、书背是经常被老鼠啃食的部位。有时老鼠甚至会把古籍咬碎做窝，留下遍地鼠粪，造成严重的古籍保存环境污染。

防止鼠类的主要方法有：首先，关于存放古籍的房间，要及时地做好清洁工作，鼠类动物经常藏身于脏乱差的地方，当做好卫生工作之后，这些现象的发生就会少很多。其次，应该对存放古籍房间周围的房间也进行清理，不要有食物残渣以及比较脏的水道，这样老鼠便没有机会靠近古籍。在对古籍修复的过程当中，使用的工具一定要适量，往往这些材料当中含有很多的营养物质，也会成为老鼠的食材。除此之外，可以在使用过程当中加入一定量的老鼠药，即使老鼠进入古籍周围，也会因为老鼠药的存在而死亡。老鼠药的添加，要按照严格的标准进行，不能过量也不能过少，使用的材料应该做到对古籍无害，否则老鼠药中的某些化学成分可能会影响古籍的稳定性和耐久性，从而对古籍之后的保存带来很大的困难。由于防治鼠害的长期性和艰巨性，文献机构应制定长远规划，责派专人定期监测环境变化和老鼠进入的新途径，坚持长期治理，以达成效。

二、古籍修复环境的管理

为保证在修复过程中的古籍安全、工作质量和修复速度，对古籍修复工作环境进行合理布局与设置必不可少。

（一）修复工作室的布局

第一，修复古籍所使用的房间布局一定要合理，并且适合该类古籍的修复，比如房间中的椅子，一定要固定不能出现晃动，否则在修复古籍的时候桌椅发生晃动，就会带来非常细小轻微的误差，对于珍贵的古籍来说可能伤害极大。除此之外应该做好防滑工作，无论是地面还是桌面以及其他的工具表面都应配以防滑的工具，这是为了防止在进行古籍修复的过程当中，由于摩擦力的影响，使古籍发生摩擦之后摔落。

第二，修复工作室要配备盥洗、储物柜、排风橱、垃圾桶等设施。同时，因为在古籍修复和保护过程当中，经常使用一些酸性或者碱性比较强的物质，因此，对于这些化学用品需要额外制定一些储存空间。

第三，修复工作室应尽可能做到不同功能区域的分隔。比如在配置或者清洗不同类型的化学物质的时候，就可以在不同的区域进行操作，这样既不会污染其他的化学试剂，同时也能够对古籍起到很好的保护作用。

（二）修复工作室内环境要求

1. 光照。上文已经提到光照对于古籍的保存会带来很大的影响，在强光和长时间的照射之下，古籍吸收大量的光照，纸张中植物纤维的活性降低，发生断裂，给古籍稳定性和耐久性带来一定的影响。在修复工作室的光照环境当中需要对于光照这一条件做严格的要求。尽量采用自然光对古籍进行修复和保护，自然光当中的辐射比较小，对古籍造成的伤害也较小。如果条件不允许，不能保证充足的自然光源，可以引入人工照明。但人工照明一定要适当运用，对于照明工具也应该有所规范。这些工具应当以修复古籍为主，而不必太过于在意造型是否优美。一般情况下在给古籍进行色彩或者文字的修复时，由于操作难度比较大，对于光照的要求也就更为严格。这时需要将光照调整得和古籍在展览时的光照强度、光照颜色以及光照来源完全一样。尽量不要在晚上或者接近黄昏的时候对古籍进行修复，这个时候的光照颜色不太准确，可能在修复的过程当中带来较大的误差。同时也不要在色灯光照的情况下对古籍进行修复，这种误差不仅更大，同时光照对于古籍本身而言也是一种伤害。

2. 温湿度。修复工作室内的温度适宜在 15℃~25℃之间，相对湿度在 50%~70% 之间。温度和湿度都会对古籍造成不同程度的影响，当温度和湿度忽高忽低的时候，甚至会对古籍修复当中的一些化学材料产生影响，最后影响到古籍修复的结果以及古籍后期的保存。古籍修复的工作室应该配备空调等机器设备，从而对温度和湿度加以控制，尽量不对古籍造成伤害。

3. 防尘。修复古籍的室内一定要打扫干净，同时注意密封性，尽量选择密封性比较好的地方对古籍进行修复，或者在对相关工作室组建的时候，就应该考虑到这个问题。灰尘当中很多颗粒物会和古籍发生化学反应，从而影响古籍的稳定性和耐久性。喷涂和清洗要使用挥发性材料、试剂，修复工作室应配备排风柜，修复人员要佩戴口罩、手套、工作服等防护装备。

4. 化学药品管理。修复和保护古籍时所使用的化学试剂，很多都具有毒性，应该按照严格的规定进行存放和使用。在使用化学试剂时，也应该按照相关标准严格地执行，不能随意使用。虽然化学试剂能够对古籍修复和保护带来很好的作用，可一旦使用过量对古籍来说也是非常严重的伤害。在试剂瓶上，尽量做好知识性的标签，标明试剂存放条件、名称以及用量，这样可以起到很好的提醒作用。每次使用完化学试剂之后，应该及时放归原处，对于多拿取的化学试剂，要及时地做好销毁工作，以保证工作室环境的稳定，从而实现对古籍的保护。

5. 储放古籍的相关设施。对于一些非常珍贵的古籍，应该采用不同的存放工具进行存放，同时要配备保险锁。

工作室应制定安全操作管理注意事项等安全规定。比如，在工作人员进入工作室之前需要做安检工作，防止携带有害工具和有害物品。同时也应该做好工作室的监控工作，避免出现在操作过程当中，因为操作不当对古籍造成损害，而又没有人监管的情况。对于一些电器的使用也应该格外注意，电器的使用过程当中会发热。这些对古籍都是有一定影响的。除此之外，还应该注意化学试剂的具体使用。

很多自然灾害都会给古籍带来致命性的影响，所以在建立相关的修复工作室，一定要做好前期的可行性研究工作，对于工作室的选址以及修建提前做好规划，尽量适合当地的气候环境以及风俗特点，不要因为自然灾害的影响对古籍的修复带来损害。对于一些特殊的地区，比如经常发生洪水的地方则应该做好工作室的排水和去潮湿的工作，对于这些地方而言，无法决定气候，只能采取相应的措施，尽量减少对古籍的伤害。

古籍保存与修复的环境管理还包括书库改善、器材配备和装具制作，以及视觉环境、听觉环境、心理环境及室内装饰美化和室内功能设计等。

三、古籍保护与修复的环境管理发展趋势

由于现代社会大量使用各类化学品，造成严重的环境污染，为此，人类在反思自己行为的同时，开始引入一些先进的管理模式，以此来消解环境污染带来的生存危机。

IPM 管理，字面翻译为综合治理，也就是在不破坏自然平衡的前提下，能够对古籍做到的最为高标准的保护。IPM 的概念形成于 20 世纪 70 年代的美国。这一概念形成的原因，是因为在 20 世纪由于人类大量使用化学试剂盒，虽然杀死了很多有害昆虫，但对自然的平衡也带来了很大的伤害，因此很多人士就提出了这一概念。不仅对环境的保护有着极为重要的推动作用，同时也促进了对食品安全的保护，所以这种方法后来得到了很多国家的认可，也被应用到了越来越多国家治理体系当中去。

日本国立国会图书馆于近年正式引入 IPM 管理模式对文献进行虫害防治与环境保护。这一模式在科学分析当地环境成分的基础上，进行一系列的生物防治措施。温度、湿度、光照、空气污染和灰尘是造成藏品损毁的主要原因，为此，图书馆应积极控制好空气、湿度、灰尘、温度和光照等文献收藏环境因素。图书馆采取了一些切实可行的措施，同时还咨询相关方面的一些专家，并且和日本一些相关机构共享这方面的信息。例如，同其他相关部门合作，积极推广在藏品入库之前杀死害虫以避免虫害，使用鞋套来避免灰尘，用温湿数据记录器来记录藏馆内的环境温度变化曲线并定期巡视，做好陷阱检查，收集损害记录等措施。另外，对入库文献管理和设备维护方面的相关责任人定期召开会议、网络邮件的信息共享，交流病虫害综合治理方面的信息并讨论对策。通过实施 IPM 管理方案，以此来控制文献的病虫害而不再只依赖于化学方法，并致力于通过控制收藏环境来实现预防性保护。

IPM 管理和我国自创的一些方法有着异曲同工之妙。这些方法在出发点和落脚点上有着高度的吻合程度。因此，我们可以合理地运用这一管理模式，加强对我们国家古籍的管理。同时，由于发达国家在这一产业已经发展了数十年有较高的技术和足够的经验，向这些国家学习也是快速提升我国古籍保护和修复能力的一种有效的方法。

需要注意的是，中国的国土面积非常之广，由此导致气候差异也比较大。不同的地方，在对古籍进行修复和保护的时候，应该做到因地制宜，不能够制定完全一致的标准，同时在对具体细节的控制，也应该结合实际情况制定不同的标准，这也是古籍修复当中需要严格注意的一个问题。

第五节 古籍保护与修复的工作制度规范建设

古籍保护与修复工作制度规范主要是指在古籍保护与修复工作的管理过程中借以约束古籍保护与修复工作人员的行为，确定办事方法，规定工作程序的各种规章、条例、守则、规程、程序、标准以及办法等的总称。内容主要包括行业术语、技术标准、设施设备、环境、人员管理等方面的具体规定。本节主要论述标准化建设、职业资格准入制度、行业协会组织与制度建设等内容。

一、标准化建设

标准是科学、技术和实践经验的总结。为在一定的范围内获得最佳秩序，对实际的或潜在的问题制定共同的和重复使用的规则的活动，即制定、发布及实施标准的过程，称为标准化。通过标准及标准化工作，以及相关技术政策的实施，可以整合和引导社会资源，激活科技要素，推动自主创新与开放创新，加速经验积累、科技进步、成果推广、创新扩散、产业升级以及经济、社会、环境的全面、协调、可持续发展。

结合古籍保护与修复的实际情况，其标准化建设应包含以下几方面内容。

1.古籍保护与修复环境条件标准化。主要内容包括古籍机构建筑物建筑设计、古籍贮藏的温湿度、古籍贮藏的环境空气质量、古籍贮藏的光照条件、古籍贮藏的装具等标准。

2.古籍保护与修复的技术方法标准化。相关标准有古籍虫害防治技术、古籍消毒灭菌技术、古籍脱酸技术、古籍修复技术、古籍干燥技术、古籍装订技术、古籍载体转换技术等标准。

3.古籍保护与修复试验研究方法标准化。主要有古籍制成材料防止加速老化技术、纸质试样的选裁方法、纸张物理性能检测方法、纸张化学性能检测方法等标准。

4.古籍保护与修复考核、认证标准。包括各级各类的古籍保护与修复专业人员考核、古籍保护与修复专业人员资格认证、古籍保护与修复机构资格评估、认证等标准。

和已经有了多年古籍修复和保护经验的发达国家相比，由于我国古籍修复和保护工作开展的时间较晚，缺乏相关经验，后果就是相关的法律法规制定得不够完善、不够全面，因此，在很多实际操作中有非常多的漏洞。基于这一现实情况，我们国家在制定相关古籍保护和修复的标准时，可以参照其他发达国家的标准，但是不能完全照搬照抄，因为我们国家古籍修复和保护情况和发达国家的情况有所不同，单就这些古籍本身而言，也是有差别的。文化的不同，导致了古籍自然也是不同的，因此，在学习国外相关优秀的资料时，要结合自身情况及时做一些修改。除了相关的法规比较少之外，关于古籍保护和修复的标准以及范围的覆盖也不够广泛，现在基本上只有省会城市才有专门修复古籍的部门，而在其他一些小城市就没有，古籍不仅仅保存在省会城市，在很多地方甚至乡下都有很多珍贵的古籍，对于古籍修复的覆盖范围应该设置得更为广泛一些。总而言之，需要学习其他国家做得比较好的地方，在学习的过程当中应该灵活应变及时调整。结合国家自身情况，结合古籍的情况做相应的改变，希望在制定标准的时候能够缩短周期，尽快出台相关法规，引导整个行业对古籍的修复有足够的重视，并且在修复过程当中严格按照标准执行。

二、准入制度的建立与完善

除了对古籍修复和保护要制定严格的标准之外，对于行业从业者的要求，也应该有着相应的规范和要求。当前在古籍修复和保护工作当中，很多人学历较低，因此，不能够很好地掌握古籍修复的具体知识，不能操作复杂的工具，培养古籍修复和保护的工作者时应该提高要求，但不能采用一刀切的方式，在大中小学都应该进行相关的课程学习，从小就培养学生对古籍修复和保护的兴趣与爱好，为社会培养更多的从业者。当这些从业者进入行业之前也应该有相应的标准对他们进行规范，不能因为缺少人才就降低标准，这样对古籍的伤害是更大的。可以从以下几方面对人才的培养进行约束：首先在学校的时候就开设相关的课程培养学生的兴趣，从而引导更多的人走进古籍、认识古籍、热爱古籍。其次在进行专业化的学习时，不能只注意理论的教育，更应该注重实践的培养，因为古籍修复说到底，其实更看重的是一个人的实际操作水平，因此，在学习的时候应该多安排一些相应的实践活动，培养学生的实际动手能力。最后在培养学生的时候，还可以和多部门进行一些交流和合作，也希望听到不同人的声音，听到来自学术界不同的建议。这样对于古籍修复行业来说是比较有利的，我们提倡创新的过程当中可产生思维的碰撞，从而能够为古籍的修复和保护带来更多更好的方法。

（一）古籍保护与修复职业资格认证制度。

从事古籍修复和保护工作的人员，除了具备相应的理论知识和操作技术之外，还应该具备最基础的文化素养——了解古籍，比如了解最基本的造纸技术的原理，造纸的原材料以及古籍当中一些字体等等。这些都是需要工作者在实际操作之前就已经学会的东西。古籍保护与修复人员的职业资格认证制度是对古籍保护与修复工作者个人工作资格的一种认定方式，是古籍保护与修复行业的准入控制，是从事这项工作应具备的前提条件。古籍保护与修复的认证计划要求掌握古籍保护与修复所必需的基础知识和基本技能，并具有获取这些知识和技能的手段，该认证可以根据个人获得的文凭、通过的考试、参与实习经历的证明，或某种其他形式的证明，以满足某种标准，也可以是上述要求的组合。在制定认证标准时应充分考虑各种因素，根据实践的发展和变化及时修改认证标准，并实行定期检查与重新考核，不断地促使专业人员进行知识更新与技能提升。

国外在古籍修复和保护的相关活动当中已经有了非常多的经验，而我国由于对古籍修复和保护工作才刚刚起步，因此在经验上比较缺乏。对于相关的专家团队的培养也还在筹备阶段。在这个过程当中，可以聘请一些有经验的老专家作为教师或者考官，对学生起到促进和提高的作用，而学生自己在学习的时候，除了重视自己的理论知识和操作能力之外，也应该注重自身的文化涵养，因为古籍修复工作和其他行业不同，除了需要有行业专业的知识之外，还需要从业者本身就有非常高的文化素养，而这些文化素养并不是一朝一夕就能够积累而来的，所以说在这一点上也增大了从业者的难度。在进行相关资格认定考试的时候，不能够采用死板性的规定，应该按照具体情况做具体的要求。应该注重考试过程当中，题型以及考试模式的多样性以及综合性，因为古籍修复并不是只需要学习知识就足够的，它更看重一个人在实际操作当中的应变能力和耐心程度，所以单通过笔试往往不能考察出从业者的能力，所以应该根据古籍修复的特点，制定更多类型的方式对考生予以考察，从而挑选出优秀的从业者来进行古籍的修复。

（二）古籍保护与修复专门机构资格准入制度

对于机构来说，获得认证的条件是应拥有从事特定领域活动的一定数量和级别的专门人才、完备的设施设备和实践经验并经过有关部门评估获得认证。

我国目前成立的古籍保护与修复的专门机构主要是附设于各大文献机构之中，主要是针对本馆收藏或本地区的古籍进行保护与修复工作，部分大馆承接外地古籍的委托修复。除此之外，现在也有越来越多的社会团体开始进行相关古籍修复和保护的工作，但是在这些修复公司当中存在着鱼龙混杂、良莠不齐的情况，因此，相关部门也应该对这一行业及时进行审查，因为古籍保护和其他的行业不太一样，古籍一旦受到损害，那么这些损害就是不可逆、不可挽回的，因此需要格外的重视。其次，对于在这些公司当中从业的人员也应该做好资历的审查，没有资格认定是不能够上岗，对古籍进行修复的。虽然他们从事的是修复的工作，但是如果操作者没有经过严格的训练和规范的指导的话，可能对古籍就不是修复，而是伤害了。

三、行业组织与制度建设

行业组织不是一种政治组织，是在社会发展的过程当中演变出来的一种自发性的团体，虽然它不是由政府组织起来的，可是对于社会的发展也发挥着举足轻重的作用。但是关于这些组织的具体规定，需要政府来引导。如果这些行业组织能够起到带头表率作用，对古籍修复和保护带来一些正确的引导，对于国家来说能起到很好的辅助作用。相关部门应该加强对这些组织的管理，加强对它们的引导，从而使这些组织能够在正确的引导之下，开展相关的修复和保护工作，实现对古籍的修复和保护。在全球化趋势的影响下，近些年来很多发达国家出现了越来越多种类，越来越多形式的行业协会，这些协会也在社会当中发挥着重要的影响。在这个过程当中，有些影响是正面的，有些影响是负面的，因此，需要国家从中加强引导和指引，向着更好的方面为古籍修复和保护工作添砖加瓦。

"行业组织"已经同"市场""企业""国家""非正式网络"并称为世界的五大治理机制。行业组织主要以各类型的协会、学会等形式存在。近年来欧美和日本等一些发达国家的行业协会发挥的作用日渐显著，行业协会的数量和种类也日益增多。随着社会的发展，这些国家的行业组织将会更加细化，覆盖范围愈加扩大，管理日趋完善。

文献保护与修复协会应主要由文献保护与修复的从业人员、关心热爱文献保护与修复事业的相关组织机构和企业共同组成。协会宗旨应是规范文献保护与修复职业或行业行为，维护职业或行业利益，促进文献保护与修复事业发展。协会应是广义行业协会中的非营利性的协作性组织。而文献保护与修复学会就是由通过各类形式的学术交流活动以开展文献保护与修复的相关学科人员和相关机构组织所组成的学术团体。

从区域范围的角度区分，行业协会可分为国际性、全国性和地方性的行业协会组织。对于古籍保护与修复事业的发展来说，全国性文献保护与修复行业协会的建立是其发展的必然要求，也是其发展成熟的一个标志。目前，我国还没有成立专门的全国性古籍保护与修复行业协会，其角色与功能多数体现在相关领域的行业协会组织的活动中。随着社会分工日益精细化，古籍保护与修复工作的专业性也愈加精深，建立古籍保护与修复工作的行业协会被提上日程。欧美、日本等国家已形成文献保护与修复者协会、联盟等模式，其运行管理机制也比较成熟。例如欧洲有文献保护师和修复师联盟，该联盟5000多名成员来自欧洲16个国家。法国遗产保护师与修复师协会拥有250多名在职会员，全法国有将近1000名在职的遗产保护修复师，其中部分人具有古籍修复资格。

我国应参照国外成熟经验并结合本国实际情况，建立各级各类的古籍保护与修复行业协会组织。同时，可借鉴图书馆、档案馆、博物馆等相关机构和行业协会组织已有的章程等制度规范，建立专门的古籍保护与修复行业组织，借此开展本行业内部交流，共同提高业务水平。此外，还应加强对外交流的力度，共同推动建立更大范围的古籍保护与修复的行业发展规划、行业规范、行业自律等。例如，我国文物界的中国文物保护技术协会是一个包括纸质文物保护与修复在内的行业协会组织。其《组织章程》对协会的性质、宗旨、业务范围、会员、组织机构及负责人任免、资产使用管理、章程的修改程序等做了明确的规定。

参考文献

[1] 陈红彦，张平．中国古籍装具 [M].北京：国家图书馆出版社，2012.

[2] 国家档案局．档案馆防治灾害工作指南 [M].北京：中国档案出版社，2010.

[3] 国家图书馆．中文善本古籍保存保护国际研讨会论文集 [M].北京：北京图书馆出版社，2002.

[4] 刘家真．文献保护学 [M].武汉：武汉大学出版社，1990.

[5] 刘家真．文献遗产保护 [M].北京：高等教育出版社，2005.

[6] 刘仁庆．中国古纸谱 [M].北京：知识产权出版社，2009.

[7] 潘吉星．中国造纸史话 [M].北京：商务印书馆，2007.

[8] 王玉丰．纸于至善：纸质科技文物保存维护手册 [M].高雄：科学工业博物馆，2003.

[9] 张承志．文物保藏学原理 [M].北京：北京科学技术出版社，2003.

[10] 张晋平．博物馆环境监测控制技术 [M].北京：中国环境出版社，2013.